BASTEI LÜBBE TASCHENBUCH

Über den Autor:

Dario Fani ist Soziologe und Erzieher, spezialisiert auf Kommunikation. Er lebt in Rom, wo er als Projektleiter im Gesundheitswesen arbeitet. Außerdem berät er die Stiftung Fondazione Fatebenefratelli für Grundlagenforschung und Erziehung. FÜR DICH NEHME ICH DEN ANDEREN WEG ist sein erstes Buch.

Dario Fani

Für dich nehme ich den anderen Weg

Geboren mit Down-Syndrom.
Ein Vater lernt sein Kind zu lieben

Aus dem Italienischen von Claudia Amor

BASTEI LÜBBE
TASCHENBUCH

BASTEI LÜBBE TASCHENBUCH
Band 60945

MIX
Papier aus verantwortungsvollen Quellen
FSC® C083411
FSC www.fsc.org

Titel der italienischen Originalausgabe: Ti seguirò fuori dall'acqua

Koordination und Bearbeitung der deutschen Ausgabe:
usb bücherbüro, Friedberg (Bay.)
Titelbild: © Privat
Umschlaggestaltung: Tanja Østlyngen
Satz: hanseatenSatz-bremen, Bremen
Gesetzt aus der Adobe Garamond Pro
Druck und Verarbeitung: CPI books GmbH, Leck – Germany
Printed in Germany
ISBN 978-3-404-60945-1

2 4 5 3 1

Sie finden uns im Internet unter
www.luebbe.de
Bitte beachten Sie auch: www.lesejury.de

Für Papa und Mama
Und, aus ganz anderen Gründen, für Luigi

Prolog

In diesem Buch erzähle ich von den ersten drei Lebensmonaten meines Sohnes, die er und ich gemeinsam zwischen Brutkästen, Schläuchen, Sonden und bei künstlichem Licht verbracht haben. Von einem Kind, das uns alle überraschte und zu früh auf die Welt kam. In diesem kurzen Zeitabschnitt entschied sich, was aus seinem und aus meinem Leben werden sollte: eine Tragödie oder ein Abenteuer. Francesco kam mit dem Down-Syndrom auf die Welt. Dort, vor der Glasscheibe der Neonatologie, begann ich ein langes, emotionales und zuweilen auch wütendes Zwiegespräch mit ihm. Schließlich war er daran »schuld«, dass er nicht dem entsprach, was ich erwartet hatte.

Bevor Francesco kam, war ich ein Mann, der immer Tempo machte. Erfolg war für mich eine Selbstverständlichkeit, und Schmerz betrachtete ich als materiellen Ausdruck der Niederlage und des Unglücklichseins. Durch Francesco ist mir vieles klar geworden. Seine anfänglichen Schwierigkeiten haben mir das Herz geöffnet und mich Bescheidenheit und Respekt allen Wesen gegenüber gelehrt. Vielleicht kann man es so sagen: Ich war derjenige, der einen Sohn in die Welt gesetzt hat. Doch meinem Sohn gelang es durch die Herausforderungen, die seine Geburt mit sich brachte, mein Leben endlich in die richtigen Bahnen zu lenken. Es ist ein langsames, aber furchtloses Leben. Das einzige Leben, das sinnvoll ist, auch wenn das vielen banal erscheint. Und dank Francesco habe ich eine grundlegende Sache gelernt: Das Down-Syndrom ist keine Krankheit, sondern eine genetische Besonderheit. Der Vater eines so zerbrechlichen Wesens zu sein, hat mich zur Veränderung verpflichtet.

Zwangsläufig musste ich mir ein großes Maß an Menschlichkeit aneignen, die mir niemand mehr nehmen kann.

Seneca sagte einmal: Egal, wie zart ein Blatt ist, es wird immer zwei Seiten haben. Mein Sohn hat mich gelehrt, wie wahr diese Aussage ist. Dieses eine zusätzliche Chromosom ermöglicht ihm viele Dinge, die für andere extrem schwer sind. Und umgekehrt wird für ihn vieles schwierig, wenn nicht gar unmöglich, das für die meisten Menschen eine Kleinigkeit darstellt.

Ich habe dieses Buch geschrieben, um eine Erfahrung weiterzugeben: nämlich jene, dass man Schwäche, Zerbrechlichkeit und Unvollkommenheit zulassen muss, denn am Ende gewinnt derjenige, der gemeinsam mit den Schwachen durch die Welt geht. Viel Freude beim Lesen.

D.F.

Dario Fani wurde in Rom geboren, wo er bis heute lebt und arbeitet. Als Soziologe hat er sich auf Gesundheitssoziologie, Forschung und Gesellschaftsplanung spezialisiert und arbeitet im Bereich soziale Planung und Entwicklung im Gesundheitswesen.

Um seiner Lesercommunity beizutreten, klicken Sie auf: www.tiseguirofuoridallacqua.it

1

Du bist gestern zur Welt gekommen. Aber du hast keinen Tag gewartet, ja nicht einmal eine Stunde. Du hast nicht einmal so lange gewartet, bis sich in meinem Inneren so etwas wie Vaterstolz entwickeln konnte. Alles war so verwirrend. So schnell. Alles flüchtig und widersprüchlich. Und doch erinnere ich mich an jeden einzelnen Augenblick, jede Stimme, jede Bewegung. Du warst eine Notgeburt – so hatten es andere entschieden. Und was mir daran leidtut, ist, dass du unter lauter Fremden geboren wurdest. Keiner der Menschen, die dich hätten auf die Welt bringen sollen, war in deiner Nähe. Das Krankenhaus, in dem du geboren wurdest, war nicht deines. Auch der Tag war nicht richtig, denn du kamst neun Wochen zu früh. Falscher Ort, falsche Zeit: Wie hättest du unter diesen Umständen »richtig« sein sollen? Und dann wurdest du unter einem Schwall von Geschrei geboren. Alles schrie. Als fände statt deiner Geburt eine große, laute Familienfeier statt. Deine Mutter schrie zwei Zimmer weiter. Die Krankenschwester schrie, während sie mit dir im Arm aus dem Zimmer hetzte. Auch die Stationsschwester gab schreiend Anweisung, irgendetwas vorzubereiten, was ich nicht verstand. Der Frauenarzt befahl mit lauter Stimme irgendetwas. Selbst der Anästhesist, der mir zuvor freundlich und gelassen vorgekommen war, begann plötzlich zu schreien, während er wild in Richtung deiner Mutter gestikulierte. Was mich dabei am meisten schmerzte, war, dass du wie ein Ball wild von einem Zimmer ins andere geschubst wurdest.

Ich selber konnte nichts tun außer zuhören. Beobachten.

Auf dem Fußboden befand sich eine gelbe Linie, die nicht überschritten werden durfte. Ich reckte meinen Hals und versuchte, das alles zu verstehen. Das Schreien dauerte nicht lange an. Nur wenige Minuten, dann verebbte es zu einer plötzlichen Stille, die mich viel mehr erschreckte als all der Lärm. Ich konnte mir beim besten Willen nicht vorstellen, was da gerade geschah, vielleicht wollte ich es auch nicht.

Schließlich trat eine Schwester aus dem Geburtszimmer. Ihr Gang war träge und kraftlos. Das schwarze Haar saß zerzaust auf ihrem Kopf, als wäre sie eben von einem Schlachtfeld entkommen. Und es schien, als hätte sie die Schlacht verloren. Sie war klein und kräftig und hatte ein lustloses Gesicht aufgesetzt, als hätte man sie eben erst geweckt. Dabei ging der Tag schon zur Neige. Mit diesen eigenartigen Plastikpantoffeln kam sie mit dir ins große Wartezimmer geschlurft, in dem ich mich befand. Auf verkrampften Armen hielt sie dich hoch, als wollte sie sich nicht noch weiter den Mantel schmutzig machen. Sie trug dich wie ein kaputtes Spielzeug.

»Das war die letzte Entbindung. Und sieh nur, was dabei herausgekommen ist«, sagte sie mit dem angeekelten Ausdruck eines Metzgers zu ihrer Kollegin. Dann übergab sie dich der Kollegin, damit sie dich wäscht, und im Umdrehen sagte sie noch etwas viel Idiotischeres: »Sag mal ehrlich, dass wir im Jahr 2009 so etwas immer noch sehen müssen!«

Damit meinte sie dich.

Im Allgemeinen, das sagen alle, bin ich ein schlauer Kerl. Einer, der schon bei der kleinsten Andeutung reagiert. Normalerweise verstehe ich sofort, was abgeht. Aber glaub mir, selbst wenn ich der dümmste Vater der Welt gewesen wäre, hätte ich verstanden, dass bei deiner Geburt irgendetwas nicht geklappt hat. Dann sah mir die Schwester in die Augen, wie man einen Verbrecher ansieht, der Kinder schlägt oder Alte bestiehlt, und fragte: »Eine Amniozentese haben Sie wohl nicht gemacht, oder?«

Ich schüttelte den Kopf, aber nicht als Antwort auf ihre Frage, sondern um meine Schockstarre abzuschütteln. Ohne Erfolg. Ausgerechnet ich, der sonst jede Verlegenheit von sich abprallen lassen kann, stand nur zögernd da und schwieg. Ich war nicht in der Verfassung, ein Gespräch zu beginnen, mir fehlten einfach die Worte. Wenn ich ihr eine Ohrfeige auf die verdorrte Wange gegeben hätte, hätte es vielleicht gereicht, um mich aus meiner Starre zu reißen. Vielleicht hätte mir das auch den Mut verliehen, Fragen zu stellen. Womöglich wäre nach der ersten auch noch eine zweite, genauso feste Ohrfeige nötig gewesen, falls sie mir – als gute Christin – auch noch die andere Wange hingehalten hätte. Stattdessen blieb ich – noch unbeweglicher als du – in meinem dummen Schweigen gefangen, bis die Schwester wieder gegangen war.

Die andere Krankenschwester legte dich mir in den Arm, als sie dich in einer großen Stahlwanne fertig gewaschen hatte. Du warst ein weiches Etwas, eingewickelt in ein viel zu großes Handtuch. »Vergessen Sie nicht, das Köpfchen zu stützen«, erinnerte mich die Schwester mit wenigstens dem Versuch eines Lächelns. »Es ist ein Junge. Aber jetzt müssen wir ihn wieder wegbringen.« Angesichts der vorhergehenden Konversation war ich für diesen kurzen Kommentar bereits dankbar.

Nur wenig später erschien ein Riese von einem Mann: der Chirurg, der dich zur Welt gebracht hat, noch in OP-Klamotten und mit heruntergezogenem Mundschutz. »Ihr Sohn wurde mit einem niedrigen APGAR geboren, wir müssen ihn auf die Neonatologie bringen. Ihre Frau hat zwanzig Milligramm Propofol bekommen und wird ein paar Stunden schlafen. Und Sie müssten jetzt gleich mit der Genetikerin sprechen.« Ich sah ihn nur an, noch verunsicherter als zuvor. Ich hatte den Eindruck, etwas verpasst zu haben. Mir war nicht aufgefallen, dass er genau das tat, was alle Ärzte tun, wenn sie keine langen Erklärungen geben wollen: Er lieferte mir alle notwendigen Informationen in Worten, die man nicht verstehen kann. Meiner Frau wurde ein Schlafmittel verabreicht. Aber warum? Und bei meinem Sohn war irgendetwas »niedrig« – doch was? –, und er wurde jetzt auf die Neugeborenenstation gebracht. Was war der Grund? Wenigstens das hätte ich verstehen müssen. Er hätte es mir erklären müssen. Aber er tat es nicht, und ich war nicht in der Lage zu fragen. Also habe ich gehorcht. Wie ferngesteuert übergab ich dich wieder der Schwester und folgte dem Chirurgen, der immer eineinhalb Schritte vor mir herlief. Du warst geboren, ich war Papa geworden, und doch schien es mir das Fürchterlichste zu sein, was mir je widerfahren war.

Der Mann machte vor einer Tür halt, auf deren Glasfenster »Genetische Medizin« stand. Er bedeutete mir, dass ich eintreten sollte. Bis zu jenem Augenblick hatte ich den Eindruck gehabt, mich immer weiter in einen dunklen Tunnel hineinzumanövrieren, der voller Fallen und Hinterhalte war. Als ich eintrat, war ich ängstlicher und angespannter als je zuvor in meinem Leben. Kaum war ich eingetreten, kam eine kleine Frau mit dunkel gebräuntem Teint und einem sardischen Akzent auf mich zu. »Sind Sie der Vater?«

Ich nickte. Sie streckte mir ihre Hand hin und sagte:

»Doktor Angela Mori. Ich bin Genetikerin. Bitte, setzen Sie sich.«

Ihr kleines, enges Büro war vollgestopft mit Ordnern, Mappen, Zetteln, Tabellen, Berichten und Geräten. Ich starrte sie an. Seit wenigen Minuten war ich Vater, und nichts geschah so, wie ich es mir vorgestellt hatte. Ich schluckte und wartete darauf, dass sie mir jetzt gleich wer weiß was alles sagen würde, aber stattdessen bot sie mir eine Tasse Tee an. »Ja, einen Tee«, antwortete ich schnell.

Kaum vorstellbar, dass mir ein kleiner Augenblick Normalität vergönnt sein sollte. Ich wollte diesen Sessel nie wieder verlassen, und auch nicht diese Frau, Dottoressa Mori, die in diesem Albtraum, als der sich deine Geburt entpuppte, das erste Wesen war, das etwas Menschlichkeit zeigte. Sie ließ mir Zeit, um an meinem Getränk zu nippen und langsam wieder in die Realität zurückzufinden, ohne irgendetwas vorwegzunehmen.

»Was hat mein Sohn?«, fragte ich schließlich und tat so, als hätte ich mein Gleichgewicht wiedergefunden und wäre bereit, den Tatsachen ins Auge zu sehen. Das war jedoch nicht der Fall. Ich glaube, dass sie, bevor sie mir antwortete, versucht hatte, meinen Gemütszustand zu erraten, was ihr aber nicht gelang. Nicht, weil ich ihn so gut versteckt hätte oder sie keine gute Menschenkenntnis besessen hätte, sondern weil ich so viele widersprüchliche Dinge auf einmal empfand. Es wäre unmöglich gewesen, daraus etwas zu lesen.

Also kam sie direkt auf den Punkt: »Wir haben den begründeten Verdacht, dass Ihr Sohn eine genetische Erkrankung hat: Trisomie 21.«

Sie fügte dem nichts mehr hinzu, sondern versuchte erneut, meine Reaktion zu studieren. Und dieses Mal war es nicht schwierig. Du wirst jetzt vielleicht nicht sehr stolz auf mich sein, ich selbst bin es auch nicht, aber meine Reaktion war die banalste, die nutzloseste von allen: Ich begann zu weinen. Es war lächerlich, besonders, weil ich in Wahrheit überhaupt nicht verstanden hatte, was du hast und was sie mir eben mitgeteilt hatte. Trisomie 21 konnte genauso gut eine Krankheit sein, bei der einem große, weiße Flügel wachsen, mit denen man in den Himmel fliegen kann.

Ich weiß, es war eine dumme Reaktion, aber so wie ich es heute mit einigem Abstand sehe, kann ich dir sagen, dass sie nicht ungerechtfertigt war. Seit dem ersten Mal, als ich dich im Arm hielt, hatte ich das Bedürfnis verspürt, mich von all meinen Gefühlen zu befreien, von all der Anspannung. Auf irgendeine Art musste ich diesen Druck aus mir hinausbefördern. Und dafür sind Tränen gut: Sie sind wie Wasser, sie lösen Dinge auf und tragen sie fort. Und außerdem war der Ton unverkennbar, auch wenn ich die einzelnen Wörter nicht verstanden hatte. Es war der Ton, mit dem man schlechte Nachrichten überbringt.

Dr. Mori hielt mir eine Schachtel Kleenex hin, einfach so, wie man jemandem eine Tablette gegen Zahnschmerzen oder irgendeine andere Medizin anbietet. Das erscheint dir jetzt vielleicht unwesentlich, ist es aber nicht. Trotz ihrer Schlichtheit war diese Geste wichtig, sogar sehr wichtig. Denn unbewusst ließ sie mich verstehen, dass diese Frau in ihrem Leben schon unzählige Male solche Szenen gesehen haben musste. Ich erkannte daran, dass die freundliche Ärztin bereits Hunderten Müttern und Vätern, die vor ihr in Tränen ausgebrochen waren, Hunderte Taschentücher gereicht hatte. Trotz all meiner verworrenen Gedanken war unbemerkt die Botschaft angekommen. So absurd und schmerzvoll es mir auch scheinen mochte, realisierte ich, dass diesen Moment auch andere schon erlebt, sich ihm gestellt und ihn überstanden hatten. Für Dr. Mori war es also nichts Neues, auch nicht für dieses Zimmer, dieses Krankenhaus, diese Stadt und diese Welt. Für das Leben stellte es nichts Besonderes dar. Es war nur eine Möglichkeit, die vorkommen konnte und die viele Eltern in demselben Augenblick überall auf der Welt erlebten.

Also trocknete ich mir das Gesicht und wagte es, etwas Törichtes zu sagen: »Er … er ist so … weich, oder?«

Sie verhielt sich sehr einfühlsam. Sie setzte sich neben mich und drückte meine Hand, als wollte sie mir etwas von ihrer Kraft übertragen.

»Es stimmt, Ihr Sohn hat einen sehr niedrigen Muskeltonus. Aber er ist nicht weich. Er ist ein sehr schönes Baby.«

Als ich diese Worte hörte, war es, als ginge in meinem Inneren ein Licht an. Ein Funken Wärme. Denn als ich dich zum ersten Mal berührte, warst du für mich tatsächlich, trotz der fehlenden Festigkeit, ein schönes Baby. Weil du mein Kind warst, auf das ich so lange gewartet und gehofft hatte. Das ich mir so oft vorgestellt und herbeigewünscht hatte.

Und dann stellte ich diese Frage, die mir jetzt, wo ich dich besser kenne, nach den Stunden, die wir miteinander verbracht haben, ganz dumm vorkommt: »Wird er leben?«

Sie begann zu lächeln: »Natürlich wird er leben! Auch wenn er ein Frühchen ist, ist er ein kräftiges Kind, das keine der gravierenden Krankheiten aufweist, die mit der Trisomie 21 einhergehen können. Es geht ihm gut.«

Sie war so dermaßen herzlich und überzeugend, als sie das sagte, dass ich einen Moment lang sogar vergaß, was ich soeben erfahren hatte. Ich kenne mich mit Medizin nicht besonders gut aus, aber es reicht, um zu wissen, dass »genetisch« so viel bedeutet wie in der DNA niedergeschrieben, unveränderbar. Unheilbar. Und doch wollte ich die Hoffnung auf den perfekten Sohn noch nicht aufgeben, den ich mir so sehr gewünscht hatte. Auf den Sohn, der mich mit einer sizilianischen Verteidigung im Schach schlagen würde.

Einen kurzen Augenblick, nachdem die bestärkenden Worte der Ärztin gefallen waren, dachte ich, dass diese Sache, diese »Trisomie 21«, etwas wäre, das vorübergeht. Etwas, das uns den Tag deiner Geburt ruinieren würde, dann aber bald ausgestanden wäre. Wie Unterzucker, Gelbsucht, ein Blutschwamm oder irgendeine andere vorübergehende Krankheit, wie sie Neugeborene bekommen können. Etwas, das weggehen würde, sobald man dir die richtige Dosis Pillen verabreicht hätte.

Aber die Ärztin, als hätte sie das Aufkeimen einer Hoffnung in mir erkannt, hakte noch einmal nach: »Entschuldigen Sie, wenn ich so direkt frage, aber haben Sie eigentlich verstanden, was Ihr Sohn hat?«

Ich schüttelte den Kopf und sagte mit der größtmöglichen Aufrichtigkeit: »Nein, was hat er denn?«

Sie sah mich mit festem Blick an und antwortete bestimmt, aber ohne Härte: »Das Down-Syndrom.«

Das kommt dir jetzt vielleicht dumm vor, aber auch mit der neuen Benennung konnte ich nicht viel mehr anfangen als mit der anderen. Natürlich kam mir der Begriff bekannter vor, dennoch wusste ich kaum etwas darüber. Beziehungsweise, ich wusste nur, dass es sich tatsächlich nicht um ein Paar weiße Flügel handelt, mit denen man in den Himmel fliegen kann. Und dass du mich nicht mit einer sizilianischen Verteidigung im Schach besiegen würdest. Ansonsten hatte ich nur ein sehr vages Bild im Kopf, von runden Gesichtern, schlechten Zähnen, einem dummen Blick und komischen Gang. Wie ein Papagei wiederholte ich nun einen Satz, den ich irgendwo aufgeschnappt hatte: »Aber ist das nicht eine Erbkrankheit?«

Sie sah mich etwas perplex an. Und dann erklärte sie mir, was du hast und was es bedeutet. Sie erklärte mir, dass du kleine Augen mit einem asiatischen Schnitt haben würdest, gedrungene Hände mit einer Furche, die mittendurch führt, einen verkürzten Oberschenkelknochen, wodurch du nie besonders groß werden würdest. Dass du wahrscheinlich Probleme mit dem Herzen und mit der Sehkraft haben würdest, eine platte, feine Nase, kleine Ohren und mit Sicherheit glatte Haare. Außerdem eine verminderte Abwehrkraft gegen Infektionen. Eine intellektuelle Entwicklungsbeeinträchtigung und motorische Koordinationsschwierigkeiten. Du wirst auch ein weniger langes Leben haben und einen Körper, der schneller altert. Aber das habe ich erst später herausgefunden, das hat sie mir nicht gesagt.

Am Ende sah ich sie an, das tränennasse Taschentuch immer noch in meiner Faust, setzte mein typisches, unergründliches Lächeln auf und sagte: »Also genau das Kind, das sich kein Vater wünscht.«

Ich versuchte, ihr vorzugaukeln, dass ich die Kontrolle wiedererlangt hatte. Und vielleicht stimmte das auch, denn die Ärztin hatte mich sehr bestärkt. Und mit der Antwort auf meine Bemerkung und mein Lächeln gelang ihr das umso mehr.

»Ich weiß nicht. Ich habe sechs Kinder, und keines davon ist so, wie ich es gerne gehabt hätte, oder so, wie ich es nie wollte. Ehrlich gesagt, glaube ich, dass alles, was uns in diesem Leben begegnet, zu etwas gut ist. Also, dass es aus einem bestimmten Grund passiert.«

Mit diesen Worten hatte sie die bedeutendste aller Aussagen getroffen, aber zu diesem Zeitpunkt konnte ich nichts damit anfangen, weil ich zu sehr mit medizinischen Details beschäftigt war. Ich wollte einfach verstehen, wie es dazu gekommen war. Im Grunde ist es ganz einfach: Dein Genom besteht aus siebenundvierzig Chromosomen anstatt aus sechsundvierzig. Dein einundzwanzigstes Chromosom wurde bei der Zellteilung dreimal anstatt nur zweimal reproduziert. Drei. Siehst du, dass diese Zahl immer wiederkehrt und wie wichtig sie für dich ist? Für uns? Deshalb heißt dein Syndrom auch *Tri*somie 21.

Aber ich wollte nun auch wissen, wie das zustande kam, was die jeweils dreiundzwanzig Chromosomen von deiner Mutter und mir bei der Zeugung durcheinandergebracht hatten. Wodurch die Entstehung des Syndroms ausgelöst wurde. Wo war der Fehler, den deine Mutter und ich gemacht hatten, wo hatten wir nicht aufgepasst? Ich bin ein Mensch, der die eigenen Fehler akzeptieren kann, ich muss sie nur erst verstehen. Aber so sehr ich mich auch bemühte, es gelang mir einfach nicht, weil es nichts zu verstehen gab. Wir haben keine Fehler gemacht. Es gibt keine Erklärung dafür, warum du so geworden bist, wie du bist. Das heißt, es gibt keine wissenschaftliche Erklärung dafür, warum es passiert ist und immer wieder passieren wird. Du bist die Frucht einer fehlerhaften Verbindung, eines Zufalls, einer Eigenwilligkeit. Physiker würden es wahrscheinlich ein Einzelphänomen nennen, womit sie Ereignisse definieren, die passieren, ohne dass jemand weiß, warum. Du bist eine statistische Tatsache. Eines von sechshundert oder tausend Neugeborenen ist so wie du. Uns trifft überhaupt keine Schuld, es stimmt also nicht, dass deine Mutter und ich nicht aufgepasst hätten, wir waren nicht leichtfertig. Bei dir hat einfach das Leben einen Moment lang nicht aufgepasst.

Und weißt du, diese tolle Ärztin war so nett! Sie hat mir sogar erzählt, dass bei den Indianern die Geburt eines Kindes, wie du es bist, als ein besonderer Segen betrachtet wird, als ein Geschenk des Himmels. Dort würde unsere Familie, deine Mutter und ich, behandelt wie Auserwählte. Die Glücklichsten unter den Sternen. Zu deinen Ehren hätte es ein großes Fest gegeben, und man hätte uns die beste Unterkunft im Zentrum des Dorfes, in der Nähe des Feuers überlassen. Dort, wo die Ältesten und der Medizinmann wohnen. »Aber leider leben wir nicht unter den amerikanischen Ureinwohnern«, schloss sie scherzhaft, »daher erwarten Sie hier lieber keine Sonderbehandlung.« Dann wurde sie wieder ernst und erklärte mir, dass ihr aus medizinischer Sicht dein niedriger Blutdruck zurzeit am meisten Sorgen bereitete, gemeinsam mit den Atemschwierigkeiten, die mit der Frühgeburt in Verbindung stünden, und einem Herzfehler, dessen Schwere erst festgestellt werden musste. Dann sagte sie noch etwas, was sie sagen musste, obwohl man ihr ansah, dass sie keineswegs daran glaubte: »Nehmen Sie auch zur Kenntnis, dass wir erst dann Sicherheit über das Vorliegen eines Down-Syndroms haben, wenn wir den Karyotyp Ihres Sohnes bestimmt haben. Es ist auch möglich, dass ich mich geirrt habe, dass ich die Situation falsch eingeschätzt habe und dass alle Vorzeichen nichts bedeuten. Dennoch ist der Verdacht sehr, sehr stark.«

Kurz dachte ich tatsächlich, dass du diese Krankheit vielleicht wirklich nicht hättest, dass alles nur ein Irrtum sein könnte. Ich dachte, vielleicht war diese törichte, freundliche

Ärztin einfach nur viel zu gewissenhaft. Und dieses Mal war ihr ein Versehen passiert. Im Laufe weniger Tage würde sich alles in Wohlgefallen auflösen, und sie würde sich sehr bei uns entschuldigen. Hatte ich denn nicht auch etwas große Hände mit kurzen, dicklichen Fingern? Und deine Mutter, hatte sie nicht auch kleine Augen, deren Schnitt man durchaus orientalisch nennen konnte? Der Oberschenkelknochen deiner Mutter war auch nicht gerade der eines Supermodels. Und jene Furche in der Handfläche, die konnte doch in ein paar Stunden bereits verschwunden sein. Aber, um ehrlich zu sein, war das nur eine winzige Hoffnung, tatsächlich glauben konnte ich es nicht. Denn seitdem ich dich zum ersten Mal im Arm gehalten hatte, war mir klar gewesen, dass du, wenn es nicht Trisomie 21 war, irgendeine andere unerklärliche Krankheit haben musstest. Es war mir einfach bewusst, dass du, na ja, kein gesundes Baby bist.

Zuallererst gab mir die Ärztin zu verstehen, dass die Trisomie 21, wenn man unter allen genetischen Veränderungen wählen müsste, mit Sicherheit die war, die jede Mutter und jeder Vater sich für ihr Kind gewünscht hätten. Ich dachte für einen Moment, dass sie das nur sagte, um mich zu trösten, aber als ich zum ersten Mal hier heraufkam, in diese verstörende Schreckenskammer namens Neonatologie, verstand ich erst in vollem Umfang, was sie damit meinte. Sprengel-Deformität, Asphyxierende Thoraxdysplasie, Mukoviszidose, Martin-Bell-Syndrom, Angelman-Syndrom, Bloom-, Cockayne-, Cohen-, Cri-du-chat-, Camurati-Engelmann-, Klinefelter-, Marfan-, Prader-Willi- und Turner-Syndrom, Trisomie 13, 14, 18 und viele andere, die ich hier nicht niederschreibe, sind allesamt schlimmer als deine Krankheit. Wenn dich also eine der drei Schicksalsgöttinnen, bevor sie dich auf die Erde schickte, aus einem Topf eine Kugel mit einer genetischen Mutation ziehen ließ, dann warst du sehr klug. Oder du hattest großes Glück, dass du jene gezogen hast, auf der Trisomie 21 stand. Denn ob du es glaubst oder nicht, in diesem Raum der Neonatologie, in dem ich dich jetzt betrachte, bin ich der Glückspilz unter den Vätern. Weil nämlich du unter all diesen Kindern das gesündeste bist. Aber woran ich vor allem glaube – und das habe ich quasi von Anfang an getan –, ist, dass ich hier nur einige Stunden am Tag verbringen werde und du, wenn alles gut geht, früher oder später hier rauskommen wirst. Den Rest unserer Zeit werden wir – und das ist die volle Wahrheit! – draußen in der Welt verbringen. Dort, wo andere Kinder, Mütter und Väter sind, die allesamt mehr Glück hatten als wir. Denn die Papas und Mamas der Kinder draußen haben keine Liste bekommen, so wie ich. Die Liste, die alle Dinge enthält, mit denen ich bei dir rechnen muss.

Ach, das hast du nicht gewusst? Kaum war ich hier hochgekommen, überreichte mir eine der Schwestern ein Blatt, das sie »Begleitinformation« nannte, eine Art Beipackzettel, als wäre ich Vater einer Schachtel Pillen geworden.

»Dieser Zettel erklärt Ihnen Ihr Kind. Bewahren Sie ihn gut auf.«

Ich weiß nicht, warum sie das gesagt hat, vielleicht, um mich in die Realität zurückzuholen. Denn die sanfte Stimme von Frau Dr. Mori hatte mich diese Realität fast vergessen lassen. Ich überflog den Zettel nur sehr flüchtig, trotzdem werde ich das Geschriebene nie vergessen. Es ist eine Liste, die auf einer Seite Platz findet. Und das ist sie also, deine Realität, aufgereiht, wie dort auf diesem Zettel steht:

Trisomie 21. Mögliche Fehlbildungen: Epikanthus, schmaler, hoher Gaumen, flache Nasenwurzel, Störung der Zahnentwicklung, Fehlbildung der Zunge, kurze Nase, Brachyzephalie, Nackenfalte; typische Herzfehlbildungen: AV-Kanal und Ventrikelseptumdefekt; Fehlbildungen des Magen-Darm-Traktes: Atresie und Stenose des Duodenums; Fehlbildungen der Extremitäten mit kurzen, gedrungenen Händen, Klinodaktylie des 5. Fingers, vergrößerter Abstand zwischen 1. und 2. Zehe, Klinodaktylie der 5. Zehe; Knochenfehlstellungen, Überdehnbarkeit der Bänder, Hüftdysplasie; verlangsamte geistige Entwicklung durch Hypotonie, Wachstumsstörungen und häufige Immunschwäche, erhöhte Wahrscheinlichkeit von Infektions- und Tumorerkrankungen, zum Beispiel Leukämie.

»Tragen Sie die Liste immer bei sich, aber zeigen Sie sie nicht der Mutter. Noch nicht«, ergänzte die Schwester, bevor sie sich entfernte. Ich weiß wirklich nicht, aus welchem Grund sie mir dieses Blatt gegeben hat, so unter der Hand. Vielleicht, damit ich nicht vergesse, wer du bist oder was aus dir werden soll. Vielleicht, um mich zu strafen, weil sie der Ansicht ist, dass derjenige, der dich in die Welt gesetzt hat, eine Strafe verdient hat. Oder aber um zu vermeiden, dass ich mir irgendwelche Illusionen mache, dass es aus diesem Albtraum, zu dem deine Geburt geworden ist, einen Ausweg geben könnte. Glaub mir, ich weiß es nicht. Eigentlich erzähle ich dir das alles nur, damit du besser verstehen kannst, warum du mich hier, auf der anderen Seite der Glaswand, nicht lächeln siehst, obwohl ich doch dein Papa bin.

2

Hier bin ich also wieder. Ich sehe dich an. Oder vielmehr sehe ich nicht dich an, sondern die Zahl auf deinem Brutkasten: 11. Geschlafen? Nein, geschlafen habe ich nicht, kein bisschen. Ich habe nur nachgedacht. Nein, nicht über dich. Über Zahlen.

Zahlen sind schon etwas Seltsames. Du hast dir deine geschickt ausgesucht: Du bist am 6. Juni 2009 geboren. 6.6.9. Sechsundsechzig ist mein Geburtsjahr, neunundsechzig das deiner Mutter. Du hast die Zahlen vereint, so wie wir deine Chromosomen für dich vereint haben. Du wolltest dir nichts nachsagen lassen, also hast du gleich viel von mir wie von ihr genommen. Die Sechs, noch mal die Sechs, und die Neun. Du hast diese besondere dreistellige Zahl zusammengestellt, die uns jetzt verbindet, und wieder haben alle Ziffern als gemeinsamen Nenner die Zahl Drei. Findest du das nicht auch kurios? Drei ist die Zahl, die dich ausmacht. Mehr als alle anderen. Trisomie 21, oder dreimal einundzwanzig, was sich wiederum aus dreimal sieben ergibt. Du bist so, weil du dreimal sieben mal drei bist. Das hört sich verdammt kompliziert an.

Ich muss dir etwas gestehen: Schon kurz bevor du geboren wurdest, musste ich an deine Zahlen denken. 6-6-9. Ich konnte nicht anders. Und das hat auch einen Grund, denn du – ja du – hast mich seit deiner Geburt einen unbestimmten Respekt für das gelehrt, was wir unsicheren, kleinen Menschen den Zufall nennen. Ja, es stimmt, von dem Moment deiner Entstehung bis zu deiner Geburt gab es verschiedene seltsame Zufälle, und viele davon waren nicht schön. Signale. Zeichen. Glaub mir, es waren viele. Zu viele. Daher konnte ich nicht anders, als zu denken: Wenn man jetzt diese eine Neun auf den Kopf stellt, ergibt sich 666, und das ist die Zahl des Teufels. Und dann fielen mir all diese Zeichen und Signale plötzlich wieder ein. Ich habe mich gewehrt, ehrlich. Ich habe versucht, diese Gedanken aus den dunklen Winkeln meines Gehirns zu verbannen, und es ist mir auch größtenteils gelungen. Mein Kind wird gleich auf die Welt kommen: Alles wird gut. Ich habe mir das immer und immer wieder vorgesagt. Aber als man mir dann mitteilte, dass ein Kaiserschnitt gemacht werden müsse, gab ich nach. Da dachte ich, dass etwas schieflaufen könne.

Und doch habe ich mein Bestes gegeben. Und das ist nicht wenig, ich bin gut vorbereitet. Im Jahr 2007, als wir noch nicht einmal im Entferntesten an dich dachten, besuchte ich ein halbes Jahr lang einen Kurs über die Kraft des positiven Denkens. Sechshundert Stunden übte ich dort, wie ich »schlechte« Gedanken von mir fernhalten kann. Das nennt man emotionale Erziehung, neurolinguistisches Programmieren, Coaching, EFT, Gesetz der Anziehung, wie auch immer. Es war keineswegs vergeudete Zeit, im Gegenteil: ein guter Kurs mit guten Dozenten, guten Mitschülern. Aber meinst du, das hätte gereicht? Dass es wirklich so einfach ist? Glaubst du, dass nach einem absolvierten Kurs, Übungen und praxisbezogener Gruppenarbeit dann alles so klappt, wie es im Unterricht gelehrt wurde? Schön wär's. Die Welt wäre ein besserer Ort. Aber versteh mich nicht falsch, es ist nicht so, dass alles nutzlos gewesen wäre, es verbessert die Dinge. Aber eben nur Tropfen für Tropfen, oder warum glaubst du, wurde uns vom Schicksal ein so langes Leben zugeteilt? Verstehen braucht Zeit. Und um das Verstandene anzuwenden, würde man drei-, fünf- oder gar siebenmal so lange brauchen. Manchmal reicht ein Leben eben nicht aus.

Außerdem hatte ich ja gute Gründe, besorgt zu sein. Angefangen bei jenem Kaiserschnitt, der plötzlich beschlossen wurde, von einem Team völlig fremder Menschen, in einem Krankenhaus, das nicht das war, das wir uns ausgesucht hatten. Wo war Maurizio, der Gynäkologe deiner Mutter? Wo war Marina, die Hebamme, die sich um dich kümmern sollte? Der Arzt, ein alter Freund der Familie, der uns immer versichert hatte, dass alles gut wird? Warum war alles plötzlich so eilig? War die zweiunddreißigste Woche nicht noch zu früh für eine Geburt? Hatte man uns bis zu diesem Zeitpunkt nicht immer gesagt: »Jeder Tag mehr ist ein Problem weniger?« Warst du tatsächlich schon bereit, um auf die Welt zu kommen? Und deine Lunge? Du hast ja keine Ahnung, wie viele Stunden ich darüber nachgegrübelt habe: Nach zweiunddreißig Wochen sind die Alveolen, sozusagen die Taschen, in die deine Luft kommt, noch nicht fertig ausgebildet. Würdest du überhaupt atmen können? Und was war mit dem Fett? Hattest du schon ausreichend Fett, um deinen Körper warmzuhalten? So viele Variablen.

Weißt du, in meinem Beruf beschäftige ich mich mit Projekten. Und je mehr Variablen es bei einem Projekt gibt, desto größer ist die Wahrscheinlichkeit, dass es scheitert. Aus diesem Grund dachte ich kurz bevor du auf die Welt kamst, dass es dem Teufel vielleicht gelingen könnte, sich an diesem Tag, der doch ein Festtag werden sollte, bei uns einzuschleichen. Ich habe mich einen Moment lang der Schwäche hingegeben, aber ich habe das tatsächlich gedacht. 666. Der Teufel. Er hätte mit Leichtigkeit eine der vielen Variablen verändern können.

Darum hat es mich nicht gewundert, als es ihm tatsächlich gelang.

Er hat es sogar bei deiner Mutter geschafft. Sie ist jetzt wieder im OP, weil der Uterus sich nicht zusammengezogen hat und sie die Blutung stillen müssen. Nichts läuft so, wie es sollte. Jetzt setzen sie ihr eine Plastik ein, die sich aufbläst und so die Blutung stoppt. Es ist ein Irrsinn … Deinen Platz hat jetzt ein Luftballon eingenommen.

3

Du findest es sonderbar, dass ich dir von Zahlen und Luftballons erzähle? Kann schon sein. Aber ich weiß nicht, was ich dir sonst sagen soll. Die richtigen Worte eines Vaters für seinen neugeborenen Sohn habe ich noch nicht gefunden. Deiner Mutter geht es schlecht, ich beobachte dich und fühle keine Freude in mir. Willst du wissen, woran ich wirklich denke? An einen dummen Spruch. Am liebsten würde ich ihn dem Vater neben mir erzählen, der durch die Glasscheibe seinem Baby zuwinkt. Es liegt im Brutkasten Nr. 10. Es nervt mich, wie er sich bemüht, fröhlich zu erscheinen. So zu tun, als wäre er glücklich.

»Werden in diesen Brutkästen unsere schlimmsten Albträume ausgebrütet?«, will ich fragen, aber ich verkneife es mir. Im Grunde rührt er mich ja, und umgekehrt ist es wahrscheinlich genauso. Ich habe nachgedacht, deine Anschuldigungen sind lächerlich. Glaubst du wirklich, dass es meine Schuld ist, dass die Dinge so gelaufen sind? Glaubst du, dass meine schlechten Gedanken allein für deine Katastrophe verantwortlich sind? Dass ich der Unheilsbringer bin? Das glaube ich nicht. Ich bin überzeugt, dass jeder Vater vor der Geburt seines Kindes zumindest für einen kurzen Augenblick negative Gedanken hat. Das ist doch ganz normal. Die Emotionen gehen so hoch, es gibt so viele Unbekannte, und es steht etwas so Wichtiges und Wertvolles auf dem Spiel. Kein Mann kann sich der Angst vor einem unerwarteten Ereignis entziehen, das ihm die immense Freude, auf die er so sehnlich wartet, noch im letzten Moment verdirbt. Ich bin sicher, jeder frischgebackene Papa wird mir beipflichten, dass auch er einmal kurz gezittert hat. Aber schließlich werden nicht alle Babys mit einer genetischen Fehlbildung geboren. Daher solltest du diese Ausreden nicht benutzen: Meine negativen Gedanken haben nichts mit deiner Geburt zu tun. Vielleicht gibt es so etwas wie Vorahnungen ja überhaupt nicht. Vielleicht haben wir nur alle einen dauernden Fluss von Gedanken. Und wenn dann etwas passiert, suchen wir uns aus allen Gedanken jene aus, die am besten zu den Ereignissen passen. Heute würde ich also sagen, dass ich es irgendwie gewusst habe, weil die Dinge nicht gut gelaufen sind. Von all den schönen und hässlichen Gedanken, die ich mir über dich gemacht habe, sind jetzt eben nur die hässlichen übrig geblieben. Vielleicht ist auch diese ganze Sache mit dem positiven Denken, dem Gesetz der Anziehung und der Quellenenergie einfach nur Schwachsinn, und in Wahrheit funktionieren wir so: Aus dem nicht abreißenden Gedankenfluss darüber, was die Zukunft bringt, suchen wir uns dann, wenn sie passiert ist, die Gewinner aus und nennen das »Intuition«. Das wäre doch auch eine Möglichkeit. Meinst du nicht?

Na schön, ich könnte auch glauben, dass es nicht so ist. Nach sechshundert Stunden Training fällt es mir eben leichter zu denken, dass der Mensch in der Lage ist, positive Energie anzuziehen. Vielleicht sind deine Anschuldigungen nicht ganz haltlos. Vielleicht hast du recht: Alles hängt von uns selbst ab. Wenn ich stärker gewesen wäre und die Zeichen besser gelesen hätte, wenn ich es mit jeder Faser meines Körpers, mit jeder Zelle meines Gehirns versucht hätte, wenn ich jede kleinste Bewegung und jeden Ausreißer meines Denkens kontrolliert hätte, wer weiß? Vielleicht wärst du dann anders geboren worden. Ich bin da sehr verunsichert. Es könnte doch sein, dass jemandem, der einer gewissen Sache vorbereitet gegenübersteht, diese Sachen auch passieren. Und wenn einer nicht bereit ist oder das Gefühl hat, dass eigentlich etwas anderes geschehen müsste, dann kommt es auch anders.

Möglicherweise könnte man auch daran glauben. Dein Großvater, der ein großer Freund der Literatur und der Wissenschaften war, hätte dir zugestimmt. Mehr als einmal hat er mir die berühmte Geschichte von Schrödingers Katze erzählt, die mit einem Fläschchen Blausäure in einen Karton eingesperrt wird und so lange gleichzeitig tot und lebendig ist, bis jemand den Karton öffnet. In der Welt der Atome können wir uns unsere Realität jedes Mal selbst zusammenstellen, je nachdem, wie wir sie betrachten wollen. Ist es nicht bizarr, wie dieses winzige Universum funktioniert? Und wenn du es recht überlegst – auch das sagte dein Großvater immer –, ist dies die Welt, die dem Willen Gottes wohl am nächsten kommt. Dort bekommst du das, was du wolltest. Du findest, was du gesucht hast. Wenn es also im Kleinen möglich ist, unsere Welt so zu gestalten, wie wir wollen, warum können wir dann nicht auch davon ausgehen, dass es auch im Großen möglich ist? Ich möchte es nicht bestreiten: Womöglich ist es wahr. Vielleicht konnte Jesus auf diese Weise seine Wunder vollbringen? Er glaubte schlichtweg daran, dass sie möglich waren.

Wenn ich die Kraft gehabt hätte zu glauben, dass all die Ärzte falschliegen, wenn ich den unerschütterlichen Glauben gehabt hätte, dass du gesund bist und dass alles, was sie mir gesagt haben, falsch ist … Ich weiß nicht, vielleicht … vielleicht wäre dann eine Krankenschwester mit Engelsgesicht erschienen und hätte verkündet: »Es tut uns leid, aber der Vater hat recht. Wir haben die Akte Ihres Sohnes mit der eines anderen Kindes vertauscht.« Wenn ich den festen Glauben der Heiligen und Propheten gehabt hätte, wäre alles anders gekommen. Wir werden es nie erfahren. Ich habe es nicht geschafft, denn am Ende habe ich weder an mich noch an dich geglaubt, sondern begonnen, den anderen zu glauben. An das, was sie sagten, an ihre Diagnosen, Analysen, Tabellen und Berichte. An ihre Werkzeuge. Du hast also recht: Ich habe zugelassen, dass sie unsere

Realität gestalten. Oder vielmehr: Ich habe die Realität einfach akzeptiert. Es ist doch die einzig mögliche Realität, oder? Weil wir eben nicht in der Welt der atomaren Teilchen leben.

Ich kann und will mir nicht all die Schuld für eine Geburt aufladen lassen – für deine Geburt –, die nicht gut gelaufen ist. Ich habe es einfach nicht auf die Reihe bekommen. Na gut, aber weißt du was? Du hättest es schließlich auch auf die Reihe bekommen können.

4

Ich sage dir diese Dinge nicht aus Bösartigkeit. Ich sage einfach nur die Wahrheit. Es war deine Geburt, sie lag in deinen Händen. Es war dein Projekt. Dabei ist es nicht von Bedeutung, dass du gerade erst geboren, hilflos, krank und schwach bist. Es zählt nicht, weil niemand danach fragt, wie der Gesundheitszustand oder das Alter des Photons sind, wenn es beschließt, in welche Realität es hineingeboren werden will. Man lässt es machen und fertig. Wenn es also stimmt, dass wir uns unser Leben selbst aussuchen, dann hast du ganz allein beschlossen, so geboren zu werden. Welche Anstrengungen ich auch unternommen hätte, welche Willensstärke ich auch bewiesen hätte, du wärst dennoch so auf die Welt gekommen. Wenn es also von Anfang an einen Fehler bei der Sache gegeben hat, dann waren es deine Gedanken, nicht meine. Du hast es dir so ausgesucht, so ausgedacht.

Wenn es einen Schuldigen gibt, dann bist du es selbst.

5

Nein, du hast ja recht. Ich bin nicht ganz bei Sinnen. Ich spreche mit dir über Photonen und subatomare Realitäten, Absurditäten, weil ich mich den realen Dingen nicht stellen kann. Hier in diesem Sessel auf dem Gang des Krankenhauses sitze ich nun und versuche zu verstehen, was wirklich passiert ist. Seit du auf der Welt bist, habe ich kein Auge zugemacht. »Ich bin voll von dir wie ein Ei voll Dotter«, würde Shakespeare wohl sagen. Aber es ist nicht der Moment für Lyrik. Es gibt auch wenig zu verstehen. Die Wahrheit ist ganz einfach: Es ist alles falsch gelaufen. Und es gelingt mir nicht, das zu verarbeiten. Das passiert mir sonst nicht. Bei meinen Geschäften gehe ich nie als Verlierer vom Platz, im normalen Leben gewinne ich praktisch immer. Und wenn ich einmal nicht gewinne, bringe ich die Dinge wieder in Ordnung, indem ich einen Gleichstand erziele. Mein Lebensweg ist ein einziger Erfolg. Ich bekomme immer das, was ich will. Meine Projekte scheitern nie. Darum ergibt das, was gerade passiert, für mich überhaupt keinen Sinn, es passt nicht zu mir. Es kann nicht sein, dass du ein Teil von mir bist. Es ist total unlogisch.

Du, dort in der Kammer des Schreckens, und deine Mutter, immer noch im Krankenzimmer. Noch für achtundvierzig Stunden bleibt sie unter Beobachtung. Und alle sagen mir, ich soll Ruhe bewahren.

Ruhe? Wofür? Um diese unwiderrufliche Niederlage ordentlich auszukosten? Es ist verrückt: Eine Handvoll Stunden bist du erst auf dieser Welt, und schon hast du das Leben deines Vaters auf den Kopf gestellt und das deiner Mutter in Gefahr gebracht. Ist das deine Art, uns zu begrüßen?

Deine Mutter … wer weiß, vielleicht träumt sie von dir, im Grunde hat sie dich ja noch nicht mal gesehen, sie weiß nichts von dir. Aber selbst ich, der dich berührt und im Arm gehalten hat, kann noch nicht fassen, dass du real bist. Auch ich habe weniger Schwierigkeiten, von dir zu träumen. Dabei ist das Bild, das ich von dir habe, kein sehr schönes: Du bist eine Wolke, eine dicke Wolke, übervoll mit Tränen. Es fällt mir sogar schwer, daran zu denken, dass du am Leben bist.

Soll ich ganz ehrlich zu dir sein? Du bist gestern nicht geboren. Gestern bist du gestorben. Ein Trauerfall, ja genau, das bist du. Wenn ich noch etwas tiefer grabe, dann stoße ich auf einen Gedanken, der noch gemeiner ist, aber auch noch ein wenig ehrlicher. Ganz tief drinnen denke ich, dass du nicht mein Projekt bist, sondern der, der mir mein Projekt zerstört hat. Du bist ein Eindringling, ein Mörder. Du hast meinen Sohn getötet. Den Sohn, auf den ich mich gefreut hatte. Der Forscher an der Universität geworden wäre, mit dem ich meine soziologischen Denkansätze diskutiert und der mir beim Lektorieren meiner Bücher geholfen hätte. Den Sohn, der der ganze Stolz des Vaters geworden wäre. Zielstrebig und ehrgeizig. Meinen wahren Sohn hast du erstickt, erwürgt mit deiner Nabelschnur. Du hast ihn einen Abgrund hinuntergestürzt und ihn mit deinem geringen Gewicht erdrückt. Du bist nicht nur zu früh geboren, sondern hast dir auch ein Leben erschlichen, das nicht dir gehörte. Du hast jemanden aus dem Weg geräumt, der kommen sollte, aber nicht gekommen ist. Du hast einen Platz auf dieser Welt eingenommen, der dir nicht zusteht. Du bist ein Mörder und ein Dieb. Das ist es, was ich von dir denke. Und erzähl mir nicht, dass der Francesco, den ich meine, nicht existiert, niemals existiert hat und ohne dich auch niemals geboren worden wäre. Weil er ein imaginärer

Sohn ist. Nur deshalb ist er perfekt und kann unmöglich real sein.

Schmettere meine Gedanken nicht dauernd ab, das ist kein Spiel, es wird dir nicht gelingen. Glaub mir, die Behauptung, dass der Francesco, den ich mir erträumt hatte, nie geboren worden wäre, ist keine gute Verteidigungsstrategie. Denn du hast nicht nur das Bild dieses perfekten Sohnes ermordet. Vom ersten Moment an hast du auch meine Hoffnung getötet, Vater eines perfekten Sohnes zu werden. Wie könnte ich dir das jemals verzeihen? Innerhalb weniger Atemzüge bist du geboren und gestorben. Du bestimmst nicht mein Glück und meine Sorge, du bist keine Erscheinung, sondern ein Abschied. Und mir ist nicht danach zumute, mich über deine Geburt zu freuen. Es fällt mir viel leichter – und scheint mir auch vernünftiger – meinen Verlust zu betrauern. Den Sohn, den ich verloren habe. Meinen Francesco.

Was soll ich jetzt mit dir anfangen? Wie du da liegst, eingesperrt in einem Brutkasten, und neben den anderen kleinen Albträumen brütest. Ich kann dich nicht einmal berühren. Ich kann nicht sagen, was genau du bist. Von einer Krankheit betroffen, die mir noch fremd ist. Ich kann nicht von dir erzählen. Du bringst mich um meinen Schlaf. Wenn ich nachbohre, tief drinnen in meiner Stille, dann finde ich nur Frust und Wut. Ist das etwa das Gefühl, das ein neugeborener Sohn in seinem Vater auslösen soll? Ich denke nicht. Deshalb bist du auch nicht mein Sohn, sondern ein Scharlatan. Ein Dieb. Und je mehr ich darüber nachdenke, desto eher glaube ich, dass du mir nicht nur meinen Sohn gestohlen hast, sondern auch meine Zeit. Gestern scheint mir nicht mehr gestern zu sein, sondern ein Tag in weiter Ferne, der zu einem Leben gehört, das nicht mehr existiert. Zu einer Zeit, die nicht mehr verstreichen kann, weil sie von einer Krankheit totgeschlagen wurde. Und diese Krankheit ist ein Teil deiner Krankheit, ein Teil deiner Geburt, deiner

Existenz. Wenn ich meinen Francesco gerettet hätte, wäre auch ich gerettet gewesen. Stattdessen bist nur du da, bestimmst meine neuen Tage, die mir noch unbekannt sind. Diese Tage, die ich nicht so geplant hatte. All das, was es vor dir gab, sollte es auch nach dir noch geben. Aber jetzt gehört es zu einem Leben, das nicht mehr da ist, zu einer Zeit, die schon zur Erinnerung geworden ist. Es gibt ein vor dir und ein nach dir.

Du bist ein Märchen ohne Lichtblick. Finster. Unbekannt. Schwarz. Genau das bist du: eine Erzählung, in die ich fälschlicherweise geraten bin und aus der ich keinen Ausweg mehr finde. Sie beginnt nicht mit den Worten »Es war einmal«, und ich habe auch keine Hoffnung, dass sie mit »und sie lebten glücklich und zufrieden bis an ihr Lebensende« schließt. All das ist deine Schuld. Deine Entscheidung. Ganz allein deine. Und warum muss ich das dann alles mitmachen? Was habe ich mit dir zu schaffen? Und mit deinen Entscheidungen? Je länger ich an dich oder das, was ich von dir kenne, denke, desto öfter werde ich an all das erinnert, was mit dir zu tun hat. An die Schläuche, die in deinen Mund und in deine winzigen Nasenlöcher führen, an die Körperöffnungen, die Schmerzen. Und desto überzeugter bin ich, dass das hier nicht meine Welt ist. Ich gehöre nicht hierher. Ich sollte eigentlich nicht hier sein. Ich muss nur den Ausgang finden, einen Weg, mich zu verabschieden. Ich muss mich diskret entfernen, einen Stock tiefer deine Mutter holen, sie fest an der Hand halten und ihr, während ich sie fortbringe, ins Ohr flüstern: »Es ist nichts geschehen. Überhaupt nichts. Es ist alles ein Irrtum. Komm, lass uns gehen.« Und wenn sie dann fragt: »Und Francesco?«, dann muss ich tapfer sagen: »Francesco gibt es nicht. Er ist am Ende doch nicht geboren worden. Er ist dort geblieben, ich weiß nicht genau, wo. Wohl an dem Ort, wo alle ungeborenen Kinder sind: inmitten der unendlichen Möglichkeiten des Lebens. Es wäre schön gewesen, aber es ist eben nicht passiert. Verstehst du? Er ist nicht gekommen.« Und wenn sie dann nachfragt und immer wieder sagt, dass sie nicht versteht, was ich da sage, dann muss ich darauf bestehen: »Da gibt es nichts zu verstehen. Wir sind in ein Märchen geraten, das nicht unseres ist. Und deshalb müssen wir wieder gehen. Das ist alles. Nichts zu verstehen. Gehen wir.« Und am Ende würde sie mitkommen, weil deine Mama mir vertraut, noch.

Sie kennt dich nicht. Sie hat dich nie gesehen. Sie weiß nicht, wer oder was du bist. Sie weiß nicht, dass du gekommen bist, um unsere Zeit zu rauben. Sie weiß nichts von deinen Entscheidungen. Sie hat keine Ahnung von dir, und ich möchte ihr auch nichts davon sagen. Warum muss ausgerechnet ich das machen? Warum hast du nicht selbst mit ihr gesprochen? Du warst zweiunddreißig Wochen lang in ihrem Bauch, du hättest alle Zeit der Welt gehabt. Warum hast du ihr nicht einen Fußtritt gegeben und sie vorgewarnt? Hat dir der Mut gefehlt? Und ich soll ihn jetzt aufbringen? Denkst du, dass ich so tugendhaft bin? So verständnisvoll und stark? Warum sollte das so sein? Jedenfalls bin ich es nicht. Ich will nicht. Ich kann nicht zulassen, dass du meine Welt so einfach auslöschst. Du verlangst viel. Zu viel. Du bist gerade erst geboren, warum sollte ich dann derjenige sein, der nachgibt? Ich darf nicht alles verlieren. Weißt du, es geht nicht immer nur um dich: Wir müssen getrennte Wege gehen, jeder in seiner Welt. Nein, ich bin nicht grausam. Und ich will dich auch nicht um Verzeihung bitten. Ich bin ganz einfach ehrlich zu dir, vielleicht etwas schonungslos, aber ehrlich. Es geht nicht anders, denn belügen kann ich dich nicht. Ich bin dein Vater. Und du hast gerade meinen Sohn umgebracht.

6

Da bin ich wieder. Noch eine ganze Stunde, die ich mit dir verbringen werde. Ich beobachte dich durch die getönte Glasscheibe. Warum du mich nicht lächeln siehst? Was erwartest du? Ich stehe unter Schock. Bin ich gestern zu hart mit dir gewesen? Ich war so aufgewühlt. Jetzt geht es ein wenig besser. Aber versuch bitte auch, mich zu verstehen: Meine ganze Welt hat sich verändert. Das ist ziemlich schwer, findest du nicht? Außerdem bist du es gewesen, der sie verändert hat. In einem kurzen Augenblick hast du alles auf den Kopf gestellt. Aber wie ist das nur möglich? Wie kann die Welt sich von heute auf morgen so verändern, in nur einer Nacht, in wenigen Stunden? Und doch ist es so gekommen, in dem Augenblick, als du vom Zustand des Nichtseins ins Sein gerutscht bist. Alles anders.

Ich habe diese Stunden mit Nachdenken verbracht, während ich zwischendurch begeistert auf meine Anrufe antwortete: »Ja, ist das nicht großartig? Jetzt bin ich Papa!« Während ich Freude und Glückwünsche entgegennahm, die ich nicht verdiente, auch wenn ich keine Schuld daran trug. Während ich voller Falschheit zu Floskeln nickte, wie: »Mach dir keine Sorgen, Hauptsache, es ist gesund! So ein paar Tage im Brutkasten haben noch keinem geschadet.« Und ich bestärkte sie noch, obwohl ich wusste, dass es falsch war, zutiefst falsch. Erstens, weil du eben nicht gesund auf die Welt gekommen bist und ein paar Tage im Brutkasten nicht ausreichen werden, um dich zu »reparieren«. Und zweitens, weil die Personen, die solche Sachen sagen, noch nie in einem Brutkasten gewesen sind und auch noch niemals Vater geworden sind. Ich hasste diese Kommentare. Auch aus dem Grund, weil ich gezwungen war, mit der gleichen Verlogenheit darauf zu antworten. Ich konnte – und kann – niemandem von dir erzählen, nicht, bevor ich es deiner Mutter gesagt habe. Und das macht mich wütend. Aber im Grunde genommen ist das noch das kleinere Übel. Denn als ich mir diese Aussagen anhörte, die für mich so gar keinen Sinn ergaben, ist mir klar geworden, dass es nur eine Wahrheit gibt: Du hast keineswegs die ganze Welt in einem Wimpernschlag verändert. Dazu hast du nicht die Macht, niemand hat sie. Du hast in einem Wimpernschlag *mich* verändert. Auch die Art, wie ich zuhöre. Alles hast du verändert, in mir.

Nein, ich bin kein Mensch, der sich vor Veränderungen fürchtet. Ich habe mich beruflich verändert und privat, ich habe Wohnungen, Städte, Lebensstile und Autos gewechselt. Ich kann mit Veränderung umgehen. Schließlich weiß man ja nie, welche Veränderungen ein Projekt noch mit sich bringt. Aber Dinge zu verändern ist eines, sich selbst zu ändern etwas ganz anderes. Und was noch viel schwieriger ist: dabei zuzusehen, wie man sich selbst verändert, weil ein anderer es so beschlossen hat. Das geht doch so nicht! Deshalb wollte ich dir eines sagen: Du hast den falschen Ansatz gewählt. Du kannst nicht auf dieser Welt auftauchen und dir einbilden, dass du gleich die Menschen verändern kannst. Es ist eine vermessene Vorstellung, deinen Vater ändern zu wollen. Begreifst du es nicht? Das ist dreist und hat auch keinen Zweck.

Ich werde mich nicht ändern. Klar, im Moment sehe ich die Welt etwas verzerrt, ich habe meine Bezugspunkte verloren. Aber glaub bloß nicht, dass du jetzt gewonnen hast. Du hast mich höchstens benommen gemacht. Du hast mich umgeboxt, sodass sich mir jetzt der Kopf dreht und ich keinen klaren Gedanken fassen kann. Aber täusche dich nicht: Ich bin wie die Taube aus der Fabel von Trilussa: Ich bin vielleicht in den Schlamm gefallen, aber dann – bei erster Gelegenheit –

fliege ich wieder hoch. Ich bleibe nicht auf dem Boden. Ich gebe nicht auf.

Es ist nur eine Frage der Zeit. Du kannst ja schon mal mit dem Anzählen beginnen. Noch bevor du bei zehn angelangt bist, bin ich wieder auf den Beinen. Auch wenn du jetzt nicht lächelst oder mich ansiehst: Du zwingst mich nicht in die Knie. Ich bin schon seit mehr als vierzig Jahren auf dieser Welt und immer erhobenen Hauptes. Also lass dir von mir sagen: Du machst lauter Fehler. Du bist eben erst geboren. Also tu etwas Intelligentes: Ändere deine Strategie.

7

Noch zwanzig Minuten, und in jedem Augenblick, der vergeht, frage ich mich: Ist das wirklich das, was du vorhast? Mich zu verändern? Eine harte Nuss für jemanden, der gerade erst ein paar Stunden auf der Welt ist. Für einen, der nicht selbstständig atmen kann und Zugänge in den Armen stecken hat … sehr kühn. Du willst, dass ich anerkenne, wie mutig du bist? Na schön, du bist mutig. Aber hör auf mich, und verwende deinen Mut für ein anderes Unterfangen. Üblicherweise bin nämlich ich es, der die Leute dazu bringt, ihre Meinung zu ändern. Das gehört zu meinem Beruf.

Du bist so reglos, dort auf der anderen Seite der Glasscheibe. Hörst du mich überhaupt? Ich möchte keinen Streit mit dir, wirklich. Du hast schon so viele Feinde, gegen die du kämpfen musst, warum willst du dir unbedingt auch noch mich zum Feind machen? Und in was willst du mich überhaupt verwandeln? In eine Raupe? Einen Schmetterling? Was geht in deinem Kopf vor? Ich würde es wirklich gerne wissen.

Ich verhalte mich dir gegenüber offen: Ich vertage das Urteil. Ich schenke dir Respekt. Ich gebe dir Zeit. Ein Gut, das du mir – im Moment – nicht zugestehst. Das ist mir eine große Hilfe, denn meine eigene Zeit, das weiß ich jetzt schon, wirst du mir nie mehr zurückgeben. Das zu akzeptieren ist keine Kleinigkeit, denn meine Zeit hat – oder hatte – einen Wert. Also, was hast du vor? Leg die Karten auf den Tisch. Aber beeil dich, denn bald wird dich deine Mutter kennenlernen, und ich lasse nicht zu, dass du ihr wehtust. Das soll keine Drohung sein, es ist nur die Wahrheit. Zeig dich mir.

Ich bin ein ehrlicher Mensch. Ich kann mich an Abmachungen halten. Aber zuvor müssen beide Seiten ihre Absichten offenlegen.

8

Ja, ich bin immer noch hier. Und du liegst immer noch reglos da. Noch elf Minuten. Seltsam, wie du es schaffst, meine Zeit zu beherrschen. Hier, vor deiner Glasscheibe, scheint eine Stunde nie vergehen zu wollen. Jede einzelne Minute müht sich vorwärts, um ihre Runde zu vollenden. Und kaum lasse ich dich allein, werden die Stunden zu Minuten, zu wenigen Augenblicken. Du bist ein erstaunlicher Zauberkünstler. Draußen verminderst du meine Zeit, und hier drin machst du sie zur Ewigkeit. Ich weiß nicht, ob es allen Vätern so ergeht. Wohl nicht, schließlich sind die anderen nicht gezwungen, sich mit ihrem Sohn durch eine Glasscheibe zu unterhalten. Eigentlich spreche ich ja auch gar nicht mit dir. Das Lächerliche ist, dass ich diese Worte an dich nur denke. Als könntest du meine Gedanken hören. Und ich bin nicht ganz ehrlich zu dir, denn wenn du diese Worte tatsächlich hören könntest, würde ich sie dir nicht sagen. Ist das nicht absurd? Ich lüge dich mit der Wahrheit an, denn wenn du hören könntest, was ich sage, würde ich dir nur Lügen erzählen. So wie ich es bei den anderen mache, wenn ich über dich spreche. Die Außenwelt kennt von dir nur eine nicht existente Version, die voller Unwahrheiten steckt. Du bist geboren, ja, aber niemand weiß, wie du wirklich bist. Vielleicht nicht einmal ich. Du bist zurzeit ein Scheinkonstrukt. Aber lassen wir das. Noch neun Minuten.

Ich beobachte einen Vater, der wiederum seinen Sohn beobachtet. Und als hätte er es gespürt, sieht er jetzt mich an. Wir brauchen nichts zu sagen, ein Blick reicht. Das ist das Außergewöhnliche an diesem seltsamen Ort, der Neonatologie: Jeder weiß, was mit dem anderen los ist, ohne je miteinander gesprochen zu haben. Man kennt sich, obwohl man sich nie zuvor begegnet ist. Wir sind die Glückspilze, die Besucher dieses besonderen Aquariums sein dürfen, und jeder möchte dort seinen eigenen kleinen Fisch bewundern.

Weißt du, manchmal gehe ich an den Glasscheiben der anderen vorbei, winke oder lächle. Das sieht so aus, als wollte ich freundlich sein, aber in Wahrheit ist es nur Neugierde, vielleicht sogar Bosheit. Ich suche nach etwas, das mir das Gefühl gibt, Glück gehabt zu haben. Denn viele Kinder hier sind wesentlich schlimmer dran als du. Es ist ein Wettbewerb unter Schwachen: Es ist zwar falsch, aber das hat es immer gegeben. Noch acht Minuten. Ist es hässlich von mir, wenn ich dich acht Minuten zu früh allein lasse? Werden sie denken, dass ich ein grausamer Vater bin? Ich habe so viele Dinge zu tun. Außerdem möchte ich auch noch unten deine Mutter besuchen. Sie werden nicht mehr so schlecht von mir denken, wenn ich deine Mutter besuche, oder?

Eigentlich kümmert es mich gar nicht, was sie denken. Was du denkst, interessiert mich auch nicht – falls du überhaupt denken kannst. Ich werde nicht sieben unendliche Minuten starr vor einem Glas stehen und einem kleinen Fisch zusehen, der noch nicht einmal schwimmen kann. Ich habe andere Dinge zu tun. Also dann. Nimm es mir nicht übel.

Jetzt hab ich dich angelächelt, siehst du? Ein schönes Lächeln für dich, du kannst mir ja noch keines schenken. Ich will auch gar keinen Dank dafür, ich sage es dir nur, weil du dich weggedreht und die Augen geschlossen hast. Welchen Sinn hat es, dich anzulächeln, wenn du es nicht einmal mitbekommst? Ich weiß es nicht. Es war mir einfach danach, deshalb habe ich es gemacht. Und warum muss ich eigentlich immer alles vor dir rechtfertigen? Das ist doch nichts Außergewöhnliches. Lächeln – alle Väter tun das.

So, jetzt gehe ich aber. Wenn ich dann an Nicola vorbeigehe, dem größten Unglücksraben unter euch Kindern, werde ich ihm zuwinken und auch ihm ein kleines Lächeln schenken. Es stimmt, ihn habe ich vom ersten Tag an angelächelt. Warum, fragst du? Ich weiß es nicht. Es ist, als müsste ich mich von einem Gewicht, von irgendeiner Schuld befreien. Als hättest du etwas falsch gemacht und nicht er, der nur die Hälfte von dir wiegt. Oder schlimmer noch, als trüge ich selbst irgendeine Schuld an der Sache.

In dieser Welt der Bullaugen funktioniert alles verkehrtherum. Da behalten immer die Kleinsten und schwächsten recht. Daran habe ich mich noch nicht gewöhnen können. Der Vater von Nicola hat mich eben gegrüßt, und ich habe zurückgegrüßt. Ganz herzlich, als wären wir hier, um uns die Schulaufführung unserer Kinder anzusehen, als wäre alles normal, als wären wir nicht von Schläuchen, Kitteln, Pflegepersonal, Sonden und dem seltsamen Geruch eines Desinfektionsmittels umgeben. Ja, wir grüßen uns so, wie man es als Eltern eben macht, wenn man sich am Schultor über den Weg läuft. Obwohl wir wissen, dass wer hier einmal einen Tag fehlt, nicht wieder zurückkommen wird.

9

Eine Handvoll Stunden bist du erst auf der Welt und bist schon zum riesengroßen Problem geworden. Zum größten Problem, das mir je passiert ist. Du bist etwas, das mit einem dicken Fragezeichen versehen in mir steckt und keine Lösung, nein, besser: keine Realität findet. Eine Realität, mit der man beginnen kann, eine Lösung aufzubauen.

10

47, XY, 21. Heute ist es Gewissheit. Der Verdacht hat sich bestätigt. Wir haben das Ergebnis des Karyogramms. Du bist dieser Typ. In dieser einfachen Formel steckst du. Genau genommen sind es die Zahlen darin, die dich charakterisieren. Es tut mir leid, dass ich dir das sagen muss, aber nicht eine davon ist gut. Die Siebenundvierzig sollte eine Sechsundvierzig sein und das 21 ist eines zu viel. XY bedeutet, dass du ein Junge bist. Das ist das Einzige, was gewiss ist, was wir aber schon wussten. Ansonsten bist du ein Sohn mit einer falschen Formel. Und ich muss das jetzt deiner Mutter beibringen. Tja, das ist meine Aufgabe. Dr. Mori behauptet, dass ich sehr positiv reagiert habe, da siehst du wieder, wie gut ich schauspielern kann. Außerdem bin ich der Mensch, der deine Mutter am besten kennt und in den sie am meisten Vertrauen setzt.

Die Genesung deiner Mutter verläuft schleppend und mühsam. Fast als ob sie es wüsste, als hätte ihr Körper etwas gewittert und versuchte nun, sie ans Bett zu fesseln, um sie vor weiteren schlechten Nachrichten zu schützen. Sie fühlt sich wie eine Versagerin, weil sie es nicht geschafft hat, dich allein auf die Welt zu bringen. Und sie fühlt sich schuldig, dass sie dich nicht noch ein paar Wochen länger in ihrem Bauch behalten hat. Aber sie glaubt auch, dass sie dich nach einigen Tagen im Brutkasten kerngesund nach Hause tragen wird und du so sein wirst, wie sie es sich immer vorgestellt hat. Wie, glaubst du, wird sie reagieren, wenn sie alles erfährt?

Ich muss ihr von dir erzählen, aber ich habe es nicht eilig. Ich habe dir Zeit gegeben, jetzt kannst du auch ihr etwas Zeit geben. Nicht, weil sie zu wenig Mut und Vertrauen hätte. Sie kann sehr gut auf unvorhergesehene Situationen reagieren. Aber vielleicht erschreckt mich der Gedanke an den Augenblick, in dem sie es erfährt, weil ich nicht weiß, wie hart der Gegenschlag sein wird. »Gegenschlag«: Wie ich mit dir rede! Wie viele Wörter werde ich noch zwischen dich, mich und die Wahrheit schieben? Mit Worten ändert man die Realität nicht, man kann sie damit lediglich beschreiben. Und deine Realität lässt sich ganz einfach beschreiben: Ich weiß nicht, wie sie auf diese schlechte Nachricht reagieren wird. Auf die Nachricht, dass du geboren bist.

Es ist nicht die erste schlechte Nachricht, die wir erhalten. Meine Kündigung, zum Beispiel, der Verkauf ihres Ladens ... Wir haben zusammengehalten, als mein Vater starb, und auch als dann ihr Vater starb. Wir haben uns dem Schmerz gestellt, ohne zurückzuweichen. Aber weißt du, was bei dir anders ist? Die Umstände sind anders. Die anderen schlechten Nachrichten kamen nicht aus heiterem Himmel, wir waren darauf vorbereitet. Aber bei dir ist die Nachricht so schlimm, unerwartet und surreal, dass ich mir nicht vorstellen kann, wie sie darauf reagiert. Du hättest uns Freude bereiten sollen. Stattdessen bereitest du uns Schmerz.

Und was soll ich ihr bitte schön sagen? Was erklären? Wenn sie mich fragt, wie es dazu kam, Was soll ich antworten? »Ach nichts. Es ist nur eine blöde Zahl. Ein Chromosom zu viel.«

»Und nur deshalb wird nichts so sein, wie wir es uns vorgestellt haben?«, wird sie mich ungläubig fragen. Und ich werde nicht wissen, was ich darauf sagen soll. Werde keine Erklärung haben. Weil es keine gibt. Es gibt auch keine Logik dahinter. Ich selbst kann es ja auch nicht glauben: Nur ein dummes Chromosom mehr, ein Ding, das noch kleiner ist als eine Stecknadel, tausendmal kleiner als ein Floh. Wie kann ein Chromosom in einer Sekunde meine und ihre Welt auslöschen? Unser

Leben ist doch so viel größer im Vergleich zu deinem dämlichen kleinen Chromosom. Das ist völlig unproportional, völlig unrealistisch. Wie kann etwas so Kleines etwas so Großes beeinflussen? Welches Gesetz, welche absurde Regel macht so etwas möglich? Werden nicht immer die kleinen Fische von den großen gefressen? Warum sollte das bei dir andersherum sein? Warum solltest du, der eben erst geboren ist und ein Stückchen Chromosom mehr in der Kette hat, in der Lage sein, die universellen Regeln umzukehren? Das Große siegt über das Kleine. Das ist nun mal so. Immer schon. Und du? Erklär es mir bitte: Warum willst du die Spielregeln ändern?

11

Je länger ich darüber nachdenke, desto weniger verstehe ich es. Ich sage es mir immer wieder vor, aber ich verstehe es einfach nicht: Warum gibst du einer einzigen kleinen Ziffer so viel Macht? »Ein Chromosom mehr«, was heißt denn das schon? Welchen Unterschied kann das schon machen? Ein lausiges Chromosom – dreihundert Gene, die den richtigen Platz nicht gefunden haben – kann uns doch nicht auf eine abstruse Reise schicken, die nicht die unsere ist. Es ist nicht unsere Welt. Nicht unsere Geschichte. Nicht unser Leben. Du hast Zehntausende Gene in deinem Körper, warum also lässt du dich von einem so mickrigen Gegner überwältigen? Warum sollten gerade diese dreihundert den großen Unterschied ausmachen, wenn du doch noch weitere dreißigtausend in dir hast?

Jede Figur auf einem Schachbrett hat einen bestimmten Wert. Und dein überflüssiges Chromosom ist weniger wert als ein Bauer. Wenn so ein Bauer fehlt, kann ich trotzdem jede Schachpartie gewinnen. Ich will einfach nicht glauben, dass du aus dem Spiel des Lebens nicht als Sieger hervorgehen kannst, nur wegen eines einzigen Bauern. Wer wegen eines Bauern verliert, ist unfähig. Wegen eines Bauern zu verlieren ist dumm. Sei nicht dumm, das kann ich nicht unterstützen. Ein Chromosom, noch dazu das kürzeste von allen, kann sich doch nicht einbilden, dein ganzes Leben auf den Kopf stellen zu können. Und meines und das deiner Mutter. Es kann nicht sein, dass sich dreihundert streunende Gene am falschen Platz niederlassen und uns in die völlig falsche Richtung schicken. Sie werden nicht über unser Ziel entscheiden!

Diese Geschichte gefällt dir nicht? Du findest auch, dass diese Ziffer falsch ist? Dann tu etwas dagegen. Versuch herauszufinden, wer dein Feind ist. Konzentrier dich auf dein Spiel, aber mach schnell. Ich hasse Verlierer. Also los: Bring bitte das, was in dir drin nicht richtig ist, in Ordnung. Wenn du unbedingt einen Kampf willst, dann führe ihn, um dich richtigzustellen. Verliere keine Zeit mit anderen Dingen. Tu einfach das, was du tun musst. Du bist auf diese Welt gekommen, jetzt zeig, dass du es auch verdient hast. Beginne zu atmen, lerne, dich zu ernähren. Lege Gewicht zu. Transportiere Sauerstoff in deine Gliedmaßen. Und versuche nicht mehr, mich zu ändern. Verschwende nicht deine Energie. Ich bin in Ordnung, so wie ich bin. Ich gewinne meine Partien seit vierzig Jahren. Du bist derjenige, der sich auf der anderen Seite der Glasscheibe befindet. Du bist derjenige, den man nicht berühren darf. Du stirbst, wenn man dir die Schläuche nimmt. Ich hingegen bin auf der richtigen Seite, auf der Seite des Lebens. Also komm in die Gänge! Finde einen Weg, um dich in Ordnung zu bringen. Versuch bitte, auf die andere Seite der Scheibe zu kommen. So, und jetzt gehe ich an die Bar und trinke einen Espresso.

12

Da sind wir also wieder: du, ich und die Glasscheibe. Der Kaffee? Nein, war nicht besonders. Aber das macht nichts. Wichtig ist, dass ich währenddessen weiter nachgedacht habe. Du bringst mich in Verlegenheit. Das ist es, was mich quält, diese Verlegenheit. Was, wenn mich jemand fragt: »Was ist mit deinem Sohn?« Ich wüsste nicht, was ich antworten sollte. Er ist ein Irrtum? Ein missglückter Versuch, einen Menschen zu schaffen? Eine falsche Formel? Ein kleines Monster? Eine hilfsbedürftige Kreatur? Eine Laune der Natur? Ein Kind, das Schwierigkeiten haben wird, erwachsen zu werden? Ein Trauerfall? Ein Schmerz? Eine noch zu entdeckende Freude? Das Kind, wie es die Eltern nie wollten? Ein Thema, das man noch überdenken muss? Hilf mir doch, was soll ich sagen?

Was möchtest du, dass ich über dich sage?

13

Nur noch wenige Minuten, dann muss ich gehen. Obwohl mir noch so viele Gedanken im Kopf herumschwirren. Du darfst den Dingen, die ich gesagt habe und die ich sage, nicht zu viel Bedeutung beimessen. Wenn ich nervös bin, werde ich zur Schlange.

Ich bin müde. Ich schlafe zu wenig, und dann auch noch schlecht, mein Magen ist wie zugekleistert, und ich vergesse zu trinken. Meine Augen brennen, und ich versuche, mich einige Stunden der Arbeit zu widmen. Aber es laugt mich aus. Und dann diese Lügerei, andauernd lüge ich. In Summe sorgt das dafür, dass ich meinen klaren Verstand verliere.

Ich habe dir versprochen, aufgeschlossen zu sein, und daran halte ich mich auch. Aber du hast etwas Mysteriöses an dir. Möglicherweise suche ich aber auch nur Erklärungen, die es nicht gibt. Du bist noch nicht lange da, und doch habe ich den Eindruck, Jahrhunderte durchlebt zu haben, die voll ermüdender Abenteuer steckten. In meinem ganzen Leben habe ich noch nie in so kurzer Zeit so viel nachgedacht. Dauernd passieren ungewöhnliche, verwunderliche Dinge, die vorher noch nie passiert sind, zumindest noch nicht so intensiv. Alles ist anders. Nichts von alledem, was mir mit dir passiert, gab es vorher.

Zufall? Kann sein. Ich habe dir ja schon erzählt, dass es vor deiner Geburt eine lange Kette von Vorzeichen gab. Und nun entstehen von Stunde zu Stunde neue Vorzeichen. Die Zahlen zum Beispiel. Sie beschäftigen mich immer noch, sie schummeln sich in meinen Kopf, seit du geboren bist. Willst du wissen, was heute passiert ist, kurz bevor ich zu dir heraufkam? Mir ist eine Frau begegnet, die, ohne zu wissen, wer ich bin, begonnen hat, mit mir über Zahlen zu sprechen. Sie redete und redete, und ich fragte mich: Warum? Zwecklos. Aber geschah das aus Zufall? Mittlerweile weiß ich schon gar nicht mehr so genau, was »Zufall« eigentlich bedeutet.

Es ist so absurd. Der Getränkeautomat auf unserem Stockwerk war kaputt, und die Krankenschwester schickte mich einen Stock tiefer, wo auch so ein Automat steht. Und dort, vor diesem Kasten, stand eine Frau im Pyjama und wartete darauf, einen Kaffee trinken zu können. Ich borgte ihr etwas Kleingeld. Dann fragte ich sie, welche Zahl ich für sie drücken sollte, und mahnte sie scherzhaft, nur ja nichts Falsches zu sagen, weil ich sonst keine Münzen mehr besäße. Ich sagte es auf heitere, gedankenlose Weise. Ich gab vor, ein fröhlicher Mann zu sein. Und sie? Sie sah mich mit lehrerhaft-ernstem Blick an und erwiderte: »Machen Sie darüber keine Witze. Sie haben eben etwas sehr Wahres gesagt. Man sollte nie die Zahlen vertauschen. Sie können einem dabei helfen, sich selbst und das eigene Karma kennenzulernen. Zahlen muss man ernst nehmen. Sie sind Archetypen, Quellenenergie, die unseren Weg vorzeichnen und ihn bestimmen.«

Ich sagte, ich wolle doch nur wissen, welche Zahl ich für ihr Getränk in den Automaten drücken solle, aber sie sprach weiter, mit viel Wissen und Leidenschaft. Das Getränk hatte sie längst vergessen. Ich bin nicht weggegangen, weil mich Menschen, die sich mit einem Thema bis ins Detail beschäftigen, schon immer fasziniert haben. Sie sind vielleicht verschroben, aber man kann von ihnen lernen. Irgendetwas an dieser Frau sagte mir, dass sie mir etwas über dich verraten würde. Denn – mittlerweile weiß ich das – alles Skurrile, das mir widerfährt, hat etwas mit dir zu tun.

Wortreich und ganz klar hat sie mir dargelegt, dass man mit

wenigen Rechenschritten aus den Daten der Geburt, die auf die fünf grundlegenden Beziehungen des Lebens hindeuten, unser Schicksal errechnen kann. So kann man auch verstehen, welche Herausforderungen das Leben für uns birgt. Für ihre drei Kinder, das letzte war zwei Tage zuvor auf die Welt gekommen, hatte sie das bereits errechnet.

Ich muss gestehen, dass ich, bevor es dich gab, gedacht hätte, dass diese Frau eine Schraube locker hat. Menschen wie sie hätten vor deiner Geburt und vor all den Zeichen, die damit einhergingen, nie die Möglichkeit gehabt, mit einem wie mir zu sprechen. Ohne dich hätte ich sie unterbrochen und trocken erwidert: »Das ist sicher sehr interessant, aber ich habe leider keine Zeit.« Stattdessen bin ich dageblieben, weil du meinen Zeitsinn ausgelöscht hast, weil ich noch eine Dreiviertelstunde warten musste, bis ich zu dir konnte, und mein Kopf voller Unsicherheiten steckte, die du mir beschert hast. Also blieb ich und hörte ihr aufmerksam zu. Absurd, oder? Ich quatsche mit einer Frau im Pyjama auf dem Krankenhausflur, die mir die Macht der Zahlen erklärt. Das hätte ich niemals erwartet, nicht in meinen wildesten Träumen. Ich gestehe dir wirklich große Offenheit zu, aber das ist wirklich zu viel. Plötzlich fing ich mich und versuchte zu verstehen, warum ich dort blieb und jemandem zuhörte, der über Zahlen sprach. Welchen Sinn ergab das? Und um sie zu unterbrechen, oder vielleicht aus einem Reflex heraus, fragte ich sie ganz beiläufig: »Und die Siebenundvierzig?«

Sie sah mich lange an und versuchte dann, mich zu überzeugen, dass meine Frage keinen Sinn hatte, weil keine Zahl eine Bedeutung an sich besäße. Das entsprach auch meiner Überzeugung: Nicht nur Zahlen, sondern alles im Leben ergibt nur einen Sinn, wenn man es mit anderen Dingen in Beziehung setzt. Mit dem Ort und mit der Zeit, in der es auftaucht. Auch bei uns beiden. Überleg mal, was gibt mir und dir einen Sinn?

Unsere Beziehung zueinander. Wenn du in China geboren wärst, würdest du für mich nichts bedeuten. Ich wusste also, dass es eine absurde Frage war, aber, müde, wie ich war, bestand ich darauf. »Okay, aber wenn ich Siebenundvierzig sage, was antworten Sie mir?«

Natürlich war das nicht irgendeine Zahl, sondern die Summe deiner Chromosomen. Aber zu hoffen, dass ihre Antwort in der Lage wäre, dein Geheimnis zu lüften, hatte wirklich keinen Sinn. Trotzdem nahm die Frau mit dem markanten Gesicht, die trotz der kurz zurückliegenden Geburt sehr mager war, die Herausforderung an. Sie war respekteinflößend, würdevoll, trotz ihres farbenfrohen Pyjamas.

Das Einzige, was sie mir auf diese allgemeine Frage antworten könne, sagte sie, war der Rat, die Weisheit der Kabbala zu befragen. Die Kabbala ist die Gesamtheit der esoterischen und mystischen Lehren des Judentums und wurde von Gott und Abraham überliefert. Im Hebräischen bedeutet Kabbala den eigentlichen Akt des Empfangens. Interessant, nicht wahr? Sie ist die tiefste Interpretationsebene der Thora und der ultimative Wissensschatz, der uns verstehen lässt, welches Geschenk wir mit unserer Geburt erhalten haben. Diese Aussage hat mich natürlich getroffen, das muss ich dir wohl nicht erklären.

»Schön und gut«, sagte ich, »aber was ist mit der Siebenundvierzig?«

»Ich weiß nicht, warum Ihnen gerade diese Zahl eingefallen ist, aber in der Kabbala ist Siebenundvierzig die Zahl des Todes. Der völligen Veränderung und Wandlung.«

Ich war wie versteinert, wie du jetzt vielleicht auch. Der Tod. In dieser alten mystischen Lehre ist die Siebenundvierzig die Zahl des Todes. Da kam mir instinktiv die zweite Frage in den Sinn. »Und die Sechsundvierzig?«

Diesmal zögerte sie nicht lange: »Die Sechsundvierzig ist

das Gegenteil von Siebenundvierzig. Sie steht für Wohlstand, Reichtum, Überfluss. Für das Leben im weitesten Sinne.« Sie sah mich an und vermutete wohl, dass ich wesentlich mehr darüber wusste, als ich zugab.

Eine falsche Vermutung. Es gelang mir einfach nicht mehr, ihr die Rolle des sorglosen Mannes vorzugaukeln. Ich war zu geschockt.

Siebenundvierzig: du, der Tod. Sechsundvierzig: ich, das Leben.

Sie bedankte sich für den Kaffee, aber ich bedeutete ihr, dass ich es gern getan hätte. Wirklich gern. Und dann ging ich. Total verunsichert.

Ich konnte nicht glauben, dass es diese Begegnung wirklich gegeben hatte. Nein, es ist kein Film, den ich hier nacherzähle, keine Szene aus einem Drehbuch. Ich spreche von dir und mir – von unserer neuen Wirklichkeit. Ist es nicht verrückt? Ich kann es zumindest immer noch nicht begreifen.

Wenn solche Sachen passieren, habe ich den Eindruck, dass du die Ereignisse steuerst, Getränkeautomaten außer Betrieb setzt oder den Menschen Pyjamas anziehst. Bestimmt ist das so. Die Begegnung mit dieser Frau war verrückt. Denk doch mal nach: Wie wahrscheinlich war es, dass sie überhaupt stattfand? Ein kaputter Automat, fehlendes Kleingeld, eine außergewöhnliche Mutter, ein verzweifelter Vater, die Kabbala und die Zahlen, die erneut ein Urteil über dich gesprochen haben.

Und weißt du, was ich dann gemacht habe? Ich habe versucht, nicht mehr daran zu denken. Ich erinnerte mich daran, dass das nicht mein Stockwerk war. Ich habe mir eingeredet, dass darin der grundlegende Fehler lag: Ich befand mich unter Müttern von gesunden Kindern, noch dazu beim Ausgang. Es war nicht mein Stockwerk! Ich sagte mir, ich müsste das Stockwerk gar nicht mehr wechseln, und ich dachte, dass ich die

Wirklichkeit verändern würde, wenn ich das Stockwerk wechselte. Und dann stieg ich sofort nach oben in das Stockwerk, das über deinem liegt. Ist das nicht verrückt? Ich lief über deinem Kopf hin und her und war überzeugt, dass das den Bann brechen könnte. In das Stockwerk darüber zu gehen würde meinen Fehler aufheben. Es würde das hinzufügen, was ich zuvor abgezogen hatte. Es würde das ursprüngliche Gleichgewicht wiederherstellen. Erst nachdem ich mich im Stockwerk darüber gereinigt hatte, kehrte ich zu dir zurück. Ein Stockwerk tiefer und eines höher, um zur Normalität zurückzufinden. Die Normalität lag für mich in diesem Flur der Gefangenen.

Es mag dir absurd erscheinen, aber nur hier in diesem Flur zu sein und darauf zu warten, dass die Tür des Raumschiffs sich öffnet – auch wenn ich weiß, dass ich nicht hineindarf –, hat mich beruhigt. Weil es mein Platz war. Der Ort, wo die Gesichter der anderen wartenden Väter waren. Wo sich die Blicke der Mütter und Väter jener Kinder kreuzten, die nicht nach Hause gehen. Als ich ihre Gesichter ansah und ihre tiefen Stimmen hörte, die irgendetwas flüsterten, kam es mir vor, als wäre ich wieder in der Normalität angelangt. In diesen demütig lächelnden Gesichtern und unsicheren Blicken fand ich meine Zuversicht wieder. Alles hatte plötzlich einen Sinn. Das war ganz und gar meine Welt, aus Kindern, die nicht einmal ein Kilo wogen, die keine Freude bereiteten, nicht leise schrien, sondern nur über Sonden und rote Zahlen auf den Displays der Geräte kommunizierten. Kinder, die schon Begeisterung hervorrufen, wenn sie nur zweimal den Kopf drehen, obwohl sie noch nicht einmal die Augen öffnen können. Ich beobachtete diese Mütter und Väter und versuchte, meine Gedanken zu verjagen. Ich versuchte, nicht mehr an die Zahlen zu denken, die den einen zum Tode verurteilen und dem anderen das Leben schenken. Ich versuchte, in meinem neuen

Leben Fuß zu fassen, doch es gelang mir nicht, sämtliche Gedanken zu vertreiben. Einige davon schwimmen immer noch in meinem Kopf umher, so wie du, kleiner Fisch, dort drüben in deinem Aquarium.

14

Denkst du immer noch an das, was ich dir erzählt habe? Aus irgendeinem Grund hat mein Karyotyp die richtige Zahl und deiner nicht. Mach dir keine Gedanken darüber, alles Zufall. Ein merkwürdiger Zufall vielleicht, aber dennoch. Das überzeugt dich nicht? Du sagst, es ist kein Zufall? Es könnte das Geheimnis einer uralten Weisheit sein? Aber was würde das ändern? Glaubst du, eine uralte Weisheit hätte irgendeinen Wert, wenn wir heute beschließen, dass sie wertlos ist? Was sagst du? Du sorgst dich nicht um dich? Sondern um mich? Um meine Art zu denken? Hackst du immer noch darauf herum? Manchmal frage ich mich: Woher kommst du eigentlich?

Du atmest – so winzig klein – in diesem Raumschiff, das voller Lichter und Sonden steckt. Du erscheinst so hilflos und zerbrechlich, dennoch scheinst du eine ungeheuerliche Kraft in dir zu haben. Nein, es ist mir nicht entgangen. Diese Frau, sie hat auch gesagt, dass die Siebenundvierzig die Zahl des Wandels ist, der tiefgreifenden, radikalen Veränderung. Man stirbt – auch das hat sie gesagt –, um wiedergeboren zu werden. Aber mach das nicht nach, bis dir klar geworden ist, wohin du mich führen willst. Auf die Erde oder in den Himmel? Bist du eine Raupe oder ein Schmetterling? Es wird Zeit, dass du es mir sagst. Und wie mir scheint, spielt die Zeit gegen dich.

Aber schauen wir nicht in die Zukunft, die Gegenwart ist schon kompliziert genug. Mach dich bereit, aktiviere Kräfte in dir, die, die du nicht für möglich gehalten hättest. Morgen ist dein großer Tag! Enttäusch mich nicht. Enttäusch deinen Papa nicht, das hast du schon zur Genüge getan. Morgen darfst du aus deinem Kasten. Das ist ein gutes Zeichen, das heißt, es geht dir besser. Mach, dass es ein guter Tag wird. Deiner Mama geht es langsam besser, und bald wird auch sie dich kennenlernen wollen. Aber den Anfang machst du mit mir. Morgen wirst du extubiert, und ich werde dich in den Arm nehmen. Mach, dass es ein erinnerungswürdiger Tag wird. Finde einen Weg, mich zu verblüffen.

15

Die Schwester legt dich in meine Arme, ohne ein Wort zu sagen, als wäre diese Geste etwas ganz Alltägliches, als wüsste ich bereits, wie ich dich halten und wiegen soll. Ich bedanke mich bei ihr, lächle und gebe vor, es tatsächlich zu wissen. Aber ich weiß nichts. Ich weiß nicht, ob ich dich zu fest oder zu locker halte. Ich weiß nicht, ob die Neigung stimmt oder nicht. Ich weiß nicht, ob du bequem liegst. Und du hilfst mir auch nicht dabei, dich zu verstehen. Ich höre auf, mir darüber Gedanken zu machen, es muss zumindest besser sein als im Brutkasten.

Ich setze mich und sehe dich an: Noch nie habe ich etwas so Weiches und Hilfloses auf dem Schoß gehabt. Es überrascht mich, wie warm du bist. Ich weiß nicht, warum, irgendwie habe ich dich mir kalt, sogar eiskalt vorgestellt. Als wäre der Brutkasten, aus dem sie dich geholt haben, ein Kühlschrank, in dem jene Leben aufbewahrt werden, von denen man noch nicht so recht weiß, was daraus wird.

Stellen wir mal eines klar: Ich bin hier, und ich spiele meine Rolle. Nämlich die des glücklichen Vaters, die ich absurd finde und in der ich mich nicht wohlfühle. Ich bin nicht glücklich, aber ich habe dir Zeit gegeben, und die sollst du auch haben. Aber du musst mir auch meine Zweifel zugestehen. Deinetwegen muss ich mich überall verstellen, dir gegenüber will ich das aber nicht tun. Ich habe dich in den Arm genommen, aber ich weiß nicht, wer du bist. Und noch weiß ich nicht, *was* du bist. Wir werden eine Stunde miteinander verbringen, aber ich weiß nicht, was ich dir sagen soll. Vier Minuten sind jetzt vergangen, sie kommen mir wie vierhundert vor. Meinem Gesicht merkt man nichts an. Da bin ich mittlerweile richtig gut. Ich kann an grauenvolle Dinge denken und dabei immer noch lächeln. Auf dieser Seite der Glasscheibe überlebt man eben so. Ich weiß gar nicht, ob es Sinn hat hierzubleiben. Ich hebe das Tuch, in das du eingewickelt bist, ein wenig hoch. Ich weiß nicht, mir scheint, dir ist warm. Ist dir warm? Ich weiß es nicht. Ich kenne dich nicht. Du bist in mein Leben getaumelt, mit einem Defekt, aber ohne Gebrauchsanweisung. Ich weiß gar nichts von dir.

Leise nähert sich die Krankenschwester, legt mir eine Hand auf die Schulter und lächelt. »Ist das ihr Sohn?«

Ich hebe den Blick, schlucke und nicke.

»Wie heißt er?«

Schon will ich den Namen sagen, der mir auf der Zunge liegt, aber dann halte ich mich zurück.

»Ich weiß nicht. Noch nicht.«

Sie sagt nichts darauf, reicht mir ein Fläschchen und ermutigt mich: »Versuchen Sie, ihm ein wenig davon zu geben.«

Und damit verlässt sie mich. Schon zuvor, als ich dich im Arm hielt, fühlte ich mich unbeholfen. Aber jetzt, mit diesem Fläschchen in der Hand, komme ich mir plump vor, fehl am Platz, unfähig. Ich hatte immer ein gutes Gespür dafür, wann ich mich lächerlich machte. Die Rolle des Idioten ist nichts für mich. Ich schaue zu den anderen Müttern und Vätern, aber ich kann nichts von ihnen lernen und sie nichts von mir. Das ist so bei uns Erwachsenen. Wir scheinen alles zu können, alles zu wissen. Wir sind auf Zack. Darin bin ich höchstwahrscheinlich der Beste von allen. Aber das ist alles Fassade. In jedem von uns steckt nur Unsicherheit und Schrecken. Wir haben ein Monster geschaffen und können uns nicht erklären, wie es dazu kam. Wir halten die größte Wunde unseres Lebens auf dem Schoß. Und es ist nicht wiedergutzumachen. Es ist eine bittere Niederlage, ein Schmerz, den wir nicht beschreiben können. Aber wir können vorgeben zu lieben. Ich fühle mit all diesen Vätern. Allerdings kann ich nicht sagen, ob sie genauso gute Schauspieler sind wie ich.

16

Noch immer starre ich dich an. Du versuchst, mit einer Hand den Kunststoff des Fläschchens zu berühren, aber es gelingt dir nicht. Du bist so weltfremd, dass du nicht einmal ein Fläschchen halten kannst. Aber ich kann nicht bestreiten, dass ich in deinem vergeblichen Versuch eine unerwartete Zartheit entdecke. Eine absurde, visionäre Poesie bedeckt dich und jede Pore deiner Haut. Es ist eine unsinnige Poesie, die für einen Moment den Schmerz vertreibt. Nein, ich lüge nicht, genau das empfinde ich, während ich dich wiege. Ganz ehrlich: Du bist so unwirklich, aber poetisch.

Jetzt drücke ich dich an mich, etwas hat sich verändert. Als ob die Kraft der Zahl Siebenundvierzig, die die verrückte Frau mir angekündigt hat, anfangen würde zu wirken. Die Wandlung. Ich lächle, aber gleichzeitig schwitze ich. Und das nicht, weil mir heiß ist. In mir wächst die Spannung. Ein neues, unangenehmes Gefühl. Statt des Fläschchens ergreifst du jetzt meinen Finger und bewegst ihn auf und ab. Ich beobachte deine winzige Hand. Zum ersten Mal haben wir uns berührt. Und es gefällt mir. Die Spannung fällt ab. Auf einmal durchfährt es mich wie ein Schlag. Eine Intuition. Ich lächle. So kann ich diese neue Wahrheit, die sich in meinem Kopf breitmacht und die ich nur schwer akzeptieren kann, besser verstecken: Du bist unschuldig. Du bist nicht nur unwirklich und poetisch, du bist auch unschuldig.

Bis heute habe ich dich verurteilt, ohne Erfolg. Du trägst keine Schuld in dir. Jetzt, wo ich dich berührt habe, weiß ich das. Vielleicht bist du ganz voller Angst, vielleicht voller Unsicherheit oder Hunger. Aber ganz sicher bist du frei von Schuld. Eine Ansammlung von Instinkten.

Mit dieser Berührung – ich spüre dich ganz warm in meiner Nähe – wird alles komplizierter. Jetzt trennt uns kein Glas mehr, jetzt spielst du mit meinem Finger, und jedes Urteil, jeder Gedanke fällt mir schwerer. Was auch immer du bist, auf jeden Fall bist du aufrichtig. Das spüre ich. Du bist rein. Und in nur einem Augenblick sorgst du dafür, dass sich sogar ganze Tage unrein anfühlen, die ich in Gedanken an dich verbracht habe. Du zertrümmerst jedes meiner Worte. Jede Gewissheit. Ich bin – ich war – verrückt anzunehmen, dass ich dich in einen Gedanken fassen könnte. Du bist das Leben. Genau das bist du.

Die Gedanken über dich nutzen sich ab, die werden schal, schmecken nach Tod. Sind des Lebens beraubt.

Du bist der Keim, und meine Gedanken sind Blätter, die im Schlamm vor sich hin faulen. Nutzlos, unwirklich.

In Wahrheit waren es keine Gedanken, sondern immer nur neu zusammengepanschte Versionen des gleichen Gedankens: Der unmöglichen Suche nach einem Francesco, den es nicht gibt.

17

Du schaust mich immer noch an.

Dein Blick fällt genau auf meinen. Es liegt keine Schuld in deinen Augen, nur ein unendliches Vertrauen. Je länger ich dich in den Armen halte, desto mehr scheinst du mir neu, anders und rätselhaft.

Ich habe alle Ängste in dich einfließen lassen und die Enttäuschung in Groll umgewandelt. Ich habe Abstand gesucht. Und Streit. Ich habe nicht vorhandene Probleme heraufbeschworen. Du gegen mich? Es wäre absurd. Wir Menschen werden von der Untugend der Absurdität angetrieben. Wir messen uns. Wir greifen uns an. Aber du bist noch kein erwachsener Mensch. Du bist ein Fisch, der zum ersten Mal das Aquarium verlassen hat. Weich, hilflos und auch, wie mir scheint, aufgeregt. Ich beobachte dich … berühre dich immer wieder … und habe auf einmal das Bedürfnis, dich um Verzeihung zu bitten. Vergib mir: Ich musste einen Weg finden, um mich dir anzunähern, und oft ist die Konfrontation das beste Mittel, um sich einen Weg zu bahnen. Ich gegen dich, und alles andere wird viel einfacher.

Jetzt halte ich dich fest in den Armen und verstehe. Ich war einfach zu verloren dort vor dem Fenster. Was ich brauchte, war Schwarz und Weiß. Ich musste das Weiß sein, also warst du das Schwarz. Ich hatte keine andere Wahl, dazu fehlte mir die Kraft. Ich wusste keine andere Lösung. Verzeih mir. Es war gemein von mir, einen Kampf vom Zaun zu brechen, nur damit ich einen Weg finde, dem Leben ins Auge zu blicken. Mach mir diese eine Sache bitte nie nach. Es fällt mir nicht leicht, dir diese Dinge zu sagen, denn ich spreche sonst nie mit anderen über meine Fehler oder meine Schwächen. Deshalb rechne mir das bitte an. Erst jetzt erkenne ich nämlich, dass ich bei dir das Gleiche gemacht habe wie schon so oft zuvor in meinem Leben: Ich habe einen Kampf angezettelt, um an der Oberfläche zu bleiben. An der Oberfläche der Dinge kann man mit großer Leichtigkeit entlangrutschen.

Ich sage dir jetzt etwas, was ich noch nie jemandem gesagt habe. Etwas, was ich bisher vielleicht sogar vor mir selbst geheim gehalten habe: Jedes Mal, wenn ich das Leben herausgefordert habe, tat ich das, um nicht in die Tiefe gehen zu müssen. Dass ich mir das vor Augen geführt habe, ist ein großer Sieg für dich.

Heute – es ist unglaublich – hast du den Sieg davongetragen, indem du meinen Finger gehalten hast. Du hast mich erobert. Einen Mann, der zahlreiche Kämpfe für sich entschieden hat, um sich die Angst vom Leibe zu halten – diese Angst, die wir alle auf dieser Seite der Glasscheibe haben: nicht den Erwartungen zu entsprechen.

Ausgerechnet du hast mir das enthüllt. Ausgerechnet du, der du den Erwartungen am allerwenigsten entsprichst.

Noch sechzehn Minuten. Ich lächle und schwitze immer noch. Ich studiere dich. Du bist zerbrechlich und gefährlich zugleich. Aber ich beginne, dich zu verstehen. Du akzeptierst keine Kompromisse. All das, was tief unten verborgen ist, bringst du ans Licht. Du und ich, der dich der Wirklichkeitsferne bezichtigt hat … In weniger als einer Stunde hast du alles, was du berührt hast, zur Ehrlichkeit gezwungen. Deinen ganzen Vater. Mit dir im Arm reduziert sich alles in mir auf das Wesentliche. Während du mich so fixierst – obwohl du das noch gar nicht kannst –, denke ich, dass mein Francesco gar nicht geboren wurde und an seiner Stelle du gekommen bist. Alles, was ich über dich gedacht habe – anfangs –, war falsch. Nur in meinem eigenen Kopf ergab es einen Sinn. Da fällt mir ein schlauer Satz von Jacques Prévert ein: »Wenn man sie allein lässt, die mentale Welt, lügt sie monumental.«

Dein Kopf ist zur Seite gedreht, weil die Muskeln an deinem Hals ihn noch nicht halten können. Ich will jetzt versuchen, dir das Fläschchen zu geben, in dem sich – wie meine Mutter, also deine Oma, das nennen würde – ein »Abklatsch« von Milch befindet. Du hast es dir verdient. Jeden Tag kämpfst du um dein Leben. Du gibst nicht auf. Du leistest deinen Beitrag.

Warum also sollte ich meinen dann nicht leisten?

Es ist sinnlos, dich weiter mit Schuld zu beladen. So enttäuscht ich auch sein mag, und auch wenn du der Mörder meines Sohnes bist, im Augenblick bist du das Einzige, was ich habe. Das Einzige, was wirklich ist, denn der Rest besteht nur aus einem Haufen verblichener Gedanken, aus meinen Gedanken, die sich um etwas drehen, was passieren sollte, aber nicht passiert ist. Illusionen über jemanden, der nicht in der Lage war, auf die Welt zu kommen. Zu existieren. Wenn es in dieser ganzen Sache einen Verlierer gibt, dann ist das er. Er, der sich nicht einmal auf dieser Erde hat blicken lassen. Der nicht den Mut dazu hatte, nicht die Kraft. Du hingegen hast es geschafft. Du hast beschlossen, auf die Welt zu kommen. Du bist nicht gestorben, und du darfst nicht sterben: Du bist doch eben erst geboren.

Und ich? Warum sollte ich nicht in deiner Nähe bleiben? Wenn du deinen Teil gibst, sollte ich das dann nicht auch tun?

Ich weiß nicht, ob du etwas bist, das es 2009 nicht mehr geben sollte, wie es die dämliche Krankenschwester ausgedrückt hat. Ich weiß aber, dass du da bist. Dass du dir dieses Recht genommen hast und auch die ganze Verantwortung auf dich geladen hast. Du atmest schon ohne Beatmungsgerät, jetzt fang auch an, allein zu essen. Du atmest dieselbe Luft wie ich, kleiner Fisch. Du bist aus deinem Becken gekommen, um mit mir eine Stunde zu verbringen. Das ist nicht wenig. Du hast meine Hand umklammert. Du hast getan, was du konntest, um zu zeigen, dass du da bist. Und durch deine Anwesenheit kann ich es nicht mehr leugnen: Ich habe etwas mit dir zu tun. Mehr als nur ein bisschen. Du bist hier für mich – nicht gegen mich.

Warum sollte ich dich da im Stich lassen?

So wie ich dich jetzt im Arm halte, werde ich dich dein Leben lang stützen. Denn wenn du für mich da bist, bin ich da für dich.

Erst jetzt fällt mir auf, dass du eine ganz helle, fast durchsichtige Hautfarbe hast. Als läge statt einer Haut nur ein dünner Schleier über deinen Adern. Und da – ich bin verblüfft! –, du zappelst mit dem Beinchen, wenn ich dir das Fläschchen an den Mund halte. Der Geruch der Milch regt dich also auf. Es stimmt nicht, dass du sie nicht willst, du kannst sie nur nicht einsaugen. Also versuche ich, das Fläschchen noch mehr zu neigen und den Sauger für dich zusammenzupressen. Meine Finger übernehmen das für deine Lippen, sodass tatsächlich ein Tropfen Milch deinen Mund benetzt. Deine Augen beginnen zu leuchten. Und deine rote Zunge schnellt hervor wie ein Vögelchen aus dem Nest und sucht eifrig nach diesem Tropfen. Ich presse noch einmal, und wieder zappelt dein Beinchen. Du bist zielstrebig! Du bist voller Willenskraft, wie dein Vater! Jetzt bin ich sicher, dass du lernen wirst. Es ist nur eine Frage der Zeit, aber du wirst lernen: Dein weicher Mund wird eines Tages einen Weg finden, diesen Sauger zu bezwingen. Jetzt habe ich verstanden, dass du mein Francesco bist und nicht irgendein anderer. Kein Schachspieler, nicht dieses Kind aus meiner Fantasie, nicht dieses perfekte Kind: Du bist der einzig mögliche Francesco.

Vergiss all die Gemeinheiten, die ich dir bisher gesagt habe. Vergib mir.

Ich kannte dich nicht. Ich hatte dich noch nicht in den Arm genommen. Ich sah dich nur verschwommen durch eine Glasscheibe. Du warst nicht real. Entschuldige bitte! Ich weine nicht, dafür sind zu viele Menschen in der Nähe, aber: Bitte, verzeih mir! Ich werde heute Nacht weinen, wenn ich allein bin. Ich flehe dich an, vergib mir! Ich war verirrt, auf der sinnlosen Suche nach etwas, gegen das ich ankämpfen konnte. Dabei wäre es so einfach gewesen zu verstehen, dass ich nichts anderes tun musste als für dich kämpfen. Solange du da bist, werde auch ich da sein. Solange du den Willen hast zu kämpfen, werde ich bis zum letzten Atemzug an deiner Seite kämpfen. Es wird keinen Tag geben, an dem ich nicht bei dir sein werde. Jede Anstrengung, die du unternimmst, wird auch meine sein. Jede Träne auch die meine. Leiste deinen Beitrag, halte durch, und ich werde mit dir durchhalten.

Vergiss nicht, dich ordentlich zu ernähren. Du musst essen! Das ist wichtig, denn bald wirst du an Gewicht verlieren wie alle Neugeborenen. Die konkrete Gegenwart ist jetzt alles, was zählt. Dein Gewicht. Deine Atmung. Dein Wachstum. Du hast eine schwache Lunge und schlaffe Muskeln, darauf musst du gefasst sein. Du musst lernen, an diesem wunderbaren Fläschchen zu saugen. Hab keine Angst. Ich weiß, wie man wichtige Projekte vorantreibt. Ich kann mit zahlreichen Unbekannten umgehen. Ich kann die Schwierigkeiten überwinden. Wir werden nicht scheitern. Wir werden nichts dem Zufall überlassen, wir stellen uns jedem einzelnen Problem, Schritt für Schritt. Dein Ductus arteriosus hat sich nicht verschlossen, und da sind noch ein paar andere Dinge, die bei dir nicht funktionieren, aber sie arbeiten daran. Alle hier tun, was sie können. Sieh dir nur deine Freunde an, wie sie alle kämpfen. Keiner ihrer Väter hat sich aus dem Staub gemacht. Kümmere dich nur um deinen Teil. Leb weiter. Die Zeit steht auf unserer Seite, also nimm sie dir. Hab keine Angst. Ich bin hier bei dir und werde es immer sein. Du bist mein Sohn.

18

Als die Krankenschwester mir sagt, dass es Zeit ist zu gehen, durchzuckt es mich. Nachdem ich dich jetzt im Arm gehalten habe, kommt es mir schäbig vor, dich zu verlassen. Ich habe das Gefühl, dich nicht allein lassen zu dürfen, du brauchst mich doch. Wir müssen noch unsere Strategie ausklügeln. Wir müssen ein Team bilden, uns austauschen, uns kennenlernen. Du hast noch nicht einmal deine Milch ausgetrunken. Die anderen, so sehr sie sich auch bemühen, wissen nichts. Sie werden nie bemerken, wie du dein Beinchen bewegst, wenn du Hunger hast. Und plötzlich erscheinst du mir viel zerbrechlicher als alle anderen.

Ich frage, wann ich wieder zu dir kommen kann. »Heute Abend um sieben«, sagt man mir, und es scheint mir wie eine neue Ewigkeit. Sie legen dich schnell in den Brutkasten. Und ich gehe hinaus, doch vorher rufe ich noch sämtlichen Schwestern zu: »Haben Sie gesehen, wie er das Beinchen bewegt? Achten Sie darauf, es heißt, dass er Hunger hat. Geben Sie ihm zu essen. Er wird bald an Gewicht verlieren. Er muss essen!« Und ich bemerke gar nicht, dass ich mich zum Narren mache. Oder vielleicht bemerke ich es sogar, es ist mir nur nicht mehr wichtig.

Eine der Schwestern gibt mir recht: »Ja, das stimmt. Ich habe es auch gesehen. Wenn er Hunger hat, dann macht er so.« Ich weiß nicht, ob sie es wirklich ehrlich gemeint hat, aber sie sagt es in einem freundlichen Ton, während sie mich zum Ausgang begleitet. Ich gehe, aber ich nehme deinen Geruch mit, das zappelnde Beinchen und deine ins Leere blickenden Augen. Aber auch die Gewissheit, dass du den Willen hast, es zu schaffen. Und du schaffst es. Weil ich will, dass du es schaffst. Weil es nicht anders sein kann. Weil es mir zu weh täte, wenn es anders wäre. Ich habe versprochen, dir zu folgen: immer und wohin du auch gehst. Also lass mich nicht hängen, ich halte meine Versprechen. Diesmal kannst du mir vertrauen. Bleib. Geh nicht weg. Nicht jetzt, wo du endlich auf der Welt angekommen bist. In meiner Welt.

19

Ich habe nichts anderes getan, als gewartet. Eine Zeit lang war ich bei deiner Mutter, aber ich dachte dabei andauernd an dich. Ich dachte an all die wichtigen Dinge, die ich dir beibringen müsste, und zu allererst, wie man aus einem Fläschchen trinkt. Natürlich hat deine Mutter mich nach dir gefragt. Sie ist so gespannt auf dich. Aber sie ist noch nicht kräftig genug. Natürlich wird sie kommen. Bald wird sie dich besuchen. Ich wasche mir die Hände, ziehe den Kittel an und die Schutzhülle über die Schuhe. Währenddessen habe ich nur das Gefühl, wertvolle Zeit zu verlieren. Minuten, die ich mit dir verbringen könnte.

Erinnerst du dich an heute Morgen, als ich das erste Mal hier hereinkam? Sie hatten mir gesagt, dass ich nicht länger als eine Stunde bleiben könnte, und nach vier Minuten hätte ich alles gegeben, um davonlaufen zu können. Ich wollte nur weg. Ich war mit der Vorstellung gekommen, einen Kadaver in den Armen halten zu müssen. Oder schlimmer noch, den Mörder, der mein eigenes Kind getötet hat. Und dann habe ich die verlorenen, verunsicherten Blicke der anderen Mütter und Väter gesehen. Ihr Lächeln, mit dem sie versuchten, so zu tun, als wäre alles normal. Als wären wir glücklich über unsere Kinder.

Da schienen mir die verbleibenden sechsundfünfzig Minuten eine Ewigkeit. Ich sah deine leeren, in eine Richtung blickenden Augen, die so verloschen waren, als könntest du sie nicht bewegen. Alles andere nahm ich nicht wahr. Das waren wohl die schrecklichsten vier Minuten meines gesamten Lebens. Ich dachte, ich könnte das nicht eine ganze Stunde lang aushalten. Aber wie ich dir schon sagte, ich war ein Gefangener meiner eigenen Gedanken, meiner Vorurteile, meiner Vorstellungen. Ich sah deine Augen, aber ich sah *dich* nicht. Ich war das Opfer irgendeines Fluches, den du einfach in Luft aufgelöst hast. Jetzt bin ich bereit. Ich komme zu dir! Da bin ich, mein Kind.

Ich hatte dich lediglich gebeten, deinen Papa nicht zu enttäuschen. Aber du hast noch viel mehr gemacht: Du hast ihn neu entstehen lassen. Du hast das Schlechte in etwas Wunderbares verwandelt.

Endlich! Deiner Mutter geht es schon besser, und bald wird sie kommen und dich fest im Arm halten.

Sei bereit! Verblüffe sie, wie du auch mich verblüfft hast.

20

Ciao, geht es dir gut? Gefällt dir diese Welt allmählich? Was sagen deine Reisegefährten? Heute muss ich wieder hinter dem Glas mit dir sprechen. Dein peripherer Sauerstoff macht Mätzchen. Da wäre es unvorsichtig, dir den Schlauch abzunehmen und dich aus dem Kasten zu holen. Aber das ist schon in Ordnung. Weißt du, ich kann das verstehen: Wie soll man die kleinen roten Blutkörperchen auch dazu überreden, in die Peripherie zu wandern, wo doch jeder weiß, dass es in der Mitte viel besser ist? Also, wenn ich eines deiner vielen roten Blutkörperchen wäre, würde ich auch in der Nähe deines Herzens bleiben wollen. Aber übertreib es nicht, sieh zu, dass du bald wieder in Form kommst. Immerhin hast du deine Mutter noch nicht kennengelernt. Sie wäre jetzt bereit, und so eine Gelegenheit darf man doch nicht auslassen! Deine Mutter. Bist du schon neugierig auf sie? Möchtest du nicht wissen, welches Gesicht zu dem Bauch gehört, in dem du zweiunddreißig Wochen gewohnt hast?

Entschuldige, ich muss kurz weg. Es wird geputzt. Klar komme ich wieder. Ich hol mir nur schnell einen Tee.

So! Da bin ich wieder. Ich habe mit deiner Mutter gesprochen. Sie kann es kaum erwarten, dich kennenzulernen, vielleicht schon morgen! Nein, ich habe ihr noch nichts gesagt. Das wäre ein Fehler gewesen. Die vielen Stunden voller Lügen, der Unaufrichtigkeit und der geheim gehaltenen Informationen beginnen jetzt langsam, Sinn zu ergeben. Ich bin immer mehr davon überzeugt, dass wir richtig entschieden haben. Es war wichtig, weißt du? Es war wichtig, dass sie keine Informationen über dich bekommen hat. Denn so hat sie nicht das Bild eines kranken Kindes im Kopf, bevor sie dich wirklich kennenlernt. Es ist von grundlegender Bedeutung, dass es genau umgekehrt passiert. Dass sie dich erst kennenlernt, in den Arm nimmt und sich erst dann ein Bild davon macht, wie du bist und wer du sein kannst. Andernfalls muss sie alles erleiden, was ich durchgemacht habe. Und dafür ist sie im Moment nicht stark genug.

Das ist eine Sache, die für das ganze Leben gilt. Wie oft betrachten wir die Welt mit Vorurteilen, bevor wir uns tatsächlich hineinbegeben? Viel zu oft. Und das ist falsch. Es funktioniert nicht. Zumindest schlecht. Wie oft kommt es vor, dass wir jahrelang etwas erzählt bekommen und dann, wenn wir es selbst durchleben, erkennen, dass es für uns völlig anders ist. Anders, als sie uns erzählt haben und wir es uns vorgestellt haben. Dass es für uns einen anderen Geschmack, andere Schattierungen und andere Wahrheiten besitzt. Darum sollte man es immer umgekehrt machen. Zuerst zehn Jahre mit einer Person zusammenleben und dann erst spüren, was die Worte, die man sich am Hochzeitstag sagt, eigentlich bedeuten. Liebe machen und dann erst entdecken, was man sich über das »erste Mal« erzählt. Zwei oder drei Kinder haben und dann erst erfahren, was die anderen dazu sagen. Es sollte immer so sein, dass man die Dinge zuerst kennengelernt hat: sie berührt, gerochen und ihnen einen Namen gegeben hat. Niemals sollte man einem Kind beschreiben, was eine Blume oder ein Hund ist. Man sollte ihm einfach eines Tages eine Blume oder einen Hund bringen und erst Tage später fragen: »Und? Was ist eine Blume für dich? Was ist ein Hund?« Erst wenn sich das Kind eine Meinung gebildet hat, sollte man ihm alles sagen, was es über Blumen und Hunde zu wissen gibt. Das ist die einzige pädagogisch wertvolle Form des Lernens. Das wahre Wissen – das habe ich durch dich gelernt – führt über die Hände, über die eigene Erfahrung. Mit der Vorstellung allein kann man nichts verstehen. Nicht einmal einen kleinen Fisch.

21

Ein paar Minuten kann ich noch bei dir bleiben. Es ist alles so anders gelaufen, als wir es uns vorgestellt hatten. Deine Mutter und ich hatten von einer Hausgeburt geträumt, vielleicht auch von einer Entbindung in einem Geburtshaus. Wir hatten uns gedämpftes Licht und eine warme, familiäre Atmosphäre gewünscht. Und jetzt ist alles anders: Ich spreche durch eine Glasscheibe mit dir, und deine Mutter hat dich noch nicht einmal gesehen. Geschweige denn gerochen. Deine Mutter hat dich in die Welt gesetzt und bekam noch nicht einmal Gelegenheit, deine Haut zu berühren und deine helle Hautfarbe zu bewundern. Sie kennt auch das schwarze Büschel auf deinem Kopf noch nicht, das die Schwestern Haare nennen. Sie weiß noch gar nichts über dich. Woran deine Mutter jetzt wohl gerade denkt? Woran wird sie danach denken? Ich kenne sie seit so vielen Jahren, aber ich kann es mir einfach nicht vorstellen. Wird sie – so wie ich – denken, dass du eine Stunde nach deiner Geburt gestorben bist? Oder wird sie bei dir sofort etwas erkennen, das dem Leben gleicht? Wie wird sie reagieren, wenn sie dich zum ersten Mal an ihre Brust drückt? Was wird sie tun, wenn sie dich zum ersten Mal im Arm hält?

Je länger ich darüber nachdenke, desto absurder scheint es mir, dass deine Mutter nichts über dich wissen sollte. Zweiunddreißig Wochen lang hat sie dich in sich getragen, dich ernährt, dir ihr Blut gespendet, dich mit ihrer Atemluft erfüllt. Sie hat dich in sich wachsen lassen und dich schließlich der Welt geschenkt, und ausgerechnet sie soll dich noch nicht gesehen haben? Sie weiß nichts von deinen patschigen Händen, deinen kleinen Mandelaugen, deinen Atemschwierigkeiten und der Tatsache, dass du beim Essen mit dem Bein zappelst. Unglaublich. Jetzt scheint mir das der größte Irrsinn, der sich im Zusammenhang mit deiner Geburt ereignet hat: dass eine Mutter das Kind, das sie geschaffen hat, nicht kennt und dass sie Dinge nicht weiß, die andere – völlig Fremde – bereits wissen. Es erscheint mir ganz unwirklich, es scheint mir … Mein Gott! Noch unnatürlicher und absurder ist ja das Gegenteil! *Du* hast deine Mutter noch nie gesehen! Ihre Stimme nicht gehört und ihre Haut noch nicht berührt!

Wie furchtbar, du bist als Waisenkind geboren! Du konntest zwar kurz deinen Vater berühren, aber dann bist du das Kind eines seltsamen Raumschiffs geworden, das aus Kunststoff, Lichtern und Sonden besteht. Was muss dir durch den Kopf gegangen sein, als du auf die Welt kamst?

Du hast keine der Stimmen wiedererkannt, die dich sanft umgaben, als du noch im warmen, sicheren Bauch deiner Mutter warst. Wie viel Angst muss sich in deinem Herzen eingenistet haben, wie viel Unsicherheit! Das ist viel schlimmer als alles andere. Deine Mutter hatte wenigstens eine vage Vorstellung von dir, man nannte ihr einen Grund, der diese absurde Trennung rechtfertigte. »Es ist noch zu früh, er hat Schwierigkeiten mit der Atmung, aber sorgen Sie sich nicht, Sie müssen sich auch erst erholen. Sobald es ihm besser geht, können Sie sich um ihn kümmern. Wir haben es nicht eilig, immerhin liegt ja ein ganzes gemeinsames Leben vor Ihnen.« Das hat man ihr gesagt. Unglaublich. Sie ist dadurch etwas nervös, sie zweifelt, aber sie denkt, sie weiß, was los ist. Ein Zwischenfall, weiter nichts. Sie kann damit umgehen. Aber du? Du hast ja noch keine eigenen Gedanken. Du kannst in Worten noch keinen Trost finden. Du bist – viel zu früh – aus einer warmen Welt herausgerissen worden, wo es immer genug zu essen gab.

Und du fandest danach nicht einmal einen Geruch oder einen Klang, der dir bekannt vorkam. Was musst du dir da gedacht haben? Wo ist der gleichmäßige, beruhigende Herzschlag deiner Mutter? Wo ist ihre Wärme? Wo hast du Sicherheit gefunden, als deine Mutter nicht da war? Wo solltest du danach suchen? Du kleine, unvollständige Kreatur! Die Erde muss dir als ein ganz furchtbarer Ort vorgekommen sein. »So ist es also, wenn man geboren wird?«, musst du dich gefragt haben, als sie dich in die Kammer des Schreckens brachten.

Ich verstehe dich. Es war keine schöne Geburt. Erst jetzt verstehe ich das. Mein Gott.

Ist das der Grund, warum du manchmal aufhörst, deinen Sauerstoff auf Wanderschaft zu schicken? Bist du enttäuscht? Verängstigt? Dir scheint, es lohnt sich nicht?

Aber geboren werden ist nicht nur das. Glaub deinem Papa. Da gibt es auch noch andere Sachen. Warte ein wenig ab.

Jetzt ist mir alles viel klarer. Warum habe ich nicht früher daran gedacht? Entschuldige, dass dein Papa dich nicht unterstützt hat, entschuldige, dass auch ich dir nur Schwierigkeiten bereitet habe. Erst jetzt erinnere ich mich an jeden einzelnen Augenblick deiner Geburt, und ich kann dich verstehen. Wie gut ich dich jetzt verstehen kann! Aber mir ist wichtig, dass auch du mich verstehst: Ich habe dich nicht betrogen, ich war nicht da, weil ich nicht bereit war. Und in dem Augenblick, als du aus dem Kreißsaal kamst, haben sie dich in die Arme einer zynischen, herzlosen Krankenschwester gegeben. Und ich, dein Vater, habe dir nicht geholfen. Vergib mir, ich konnte nichts tun. Es ist so grausam! Was musst du von den Menschen gedacht haben? Von mir, der dich dieser fürchterlichen Schwester überließ? Was dachtest du wohl über deine Mutter, die einfach weiterschlief? Was dachtest du, als deine Welt Stück für Stück verschwand? Armes verlassenes Kind. Und ich machte dir auch noch Vorwürfe.

Du hast das großartig gemacht, mein Sohn. Du hast es ganz allein geschafft. Du musst mir verzeihen, dein Papa war noch nicht so weit. Es wird nicht wieder vorkommen.

22

Eine sehr nette Krankenschwester sagte mir gerade, dass es dir besser geht. Wenn wir wollen, können wir schon morgen deine Mutter zu dir heraufholen. Weißt du, es kann sein, dass mein Urteil über die Schwestern nicht immer richtig ist. Dass ich allzu leicht die Nachrichten, die sie überbringen, mit dem vermische, was sie sagen und tun. Wenn sie schlechte Nachrichten bringen, finde ich sie barsch und gleichgültig. Wenn sie gute bringen, erscheinen sie mir wie Engel. Das ist immer so: Unser Urteil hängt stark von unserem Gemütszustand ab.

Doch bei einigen habe ich den Eindruck, dass ich mich nicht täusche. Es scheint unter den Menschen die verbreitete Meinung zu geben, es sei ein Fehler, Kinder wie dich auf die Welt zu bringen. Es wäre ein Wahnsinn. Eine Zumutung. Unsere Welt ist eine, die verzweifelt nach Perfektion sucht. Eine Welt, die nicht mehr in der Lage ist zu glauben, dass die Schuld – wenn es denn eine gibt – ganz woanders liegt. Bei denjenigen, die denken, dass das Leben von Kindern wie dir nicht lebenswert wäre.

»Verstehen Sie, es ist nicht sicher, dass Ihr Sohn all diese Dinge hat, aber es ist nicht auszuschließen, dass sogar noch Dinge dazukommen, die hier nicht aufgeführt sind«, sagte mir diese verabscheuungswürdige Krankenschwester bei unserem ersten Gespräch über dich. Warum hat sie das getan? Um mich zu bestrafen? Um den winzigen, zerbrechlichen Lichtblick, der mir geblieben war, auch noch zu zerstören? Das waren also die Umstände, in die du hineingeboren wurdest: Du, jede Menge Geschwätz und eine blöde Liste. Keine Freude. Nur Aufruhr,

Schuldgefühle und versteckte Anschuldigungen. Und das waren auch die ersten Eindrücke, die ich von dir hatte. Kein Lächeln, kein verständnisvoller Blick. Ich konnte dir nicht helfen, ich war nicht darauf vorbereitet. Ich habe dich alleingelassen, ich weiß. Ich war verwirrt, verängstigt. Ich bereue es. Hunderttausendmal. Kannst du mir verzeihen? Du musst mir verzeihen. Und du musst mir glauben, geboren zu werden ist viel mehr, als es jetzt scheint. Geboren zu werden, zu wachsen und zu leben ist etwas Wunderbares, du wirst sehen. Ich werde es dir zeigen. Du musst mir etwas Zeit geben, meinen Fehler wiedergutzumachen. Also mach dich an die Arbeit, schick deinen Sauerstoff aus, wir wollen dich bald umarmen.

23

Bist du so weit? Es war gar nicht leicht, dieses Treffen zu organisieren. Es gab viel Verwirrung, aber das zählt im Augenblick alles nicht. Jetzt ist nicht der richtige Moment für logisches Denken. Du hast jetzt nur eine einzige Aufgabe: dieses spezielle Lächeln zum Vorschein zu bringen. Für sie musst du heute glänzen und dich von deiner besten Seite zeigen. Setz etwas Farbe auf deine blasse Haut, und nimm so viel Sauerstoff von deinem winzigen Heimatplaneten mit, wie du nur kannst.

Jetzt ist es jeden Augenblick so weit. Sie wird mit Dr. Mori zu dir kommen. Erinnerst du dich an sie? Sie ist der beste Mensch, den ich hier in diesem Krankenhaus getroffen habe. Natürlich abgesehen von euch kleinen Argonauten. Du findest euch hässlich? Keine Bange, deine Mutter kann über Äußerlichkeiten hinwegsehen. Hörst du sie schon? Jetzt kommt sie. Und schon zappelst du mit dem Beinchen? Spürst du es? Spürst du, dass deine Mama kommt?

Endlich! Deine Mama.

Die Schwester entfernt die Sonde der Sauerstoffmessung von deinem kleinen Finger, einige Minuten piepst die Maschine noch, dann stellt die Schwester sie aus. Sie hebt dich heraus und legt dich mir in den Arm. In dem grünen Tuch, das dich umschließt, wirkst du wie eine Knospe, noch nicht aufgeblüht. Du bist so weich und zerbrechlich, wenn du nicht in deinem Glaspanzer bist. Mit deinen kleinen Augen versuchst du, alles zu beobachten, ohne wirklich etwas zu sehen, glaube ich zumindest. Aber genau das gefällt mir an dir. Du bist unermüdlich in deinen Bemühungen, auch wenn dir etwas nicht gelingt.

Sie möchten, dass ich dich bereits im Arm halte, wenn sie kommt.

Da, ich sehe, wie sie im Flur mit Dr. Mori spricht. Wahrscheinlich erklärt die Ärztin ihr, dass sie einen Kittel braucht und wie man die Überzüge über die Schuhe zieht, dass sie eine Atemmaske tragen muss und wie sie sich die Hände am besten wäscht. Ich fand dieses Ritual am Anfang ziemlich nervig. Schon beim Geruch der Seife drehte sich mir der Magen um. Deine Mutter verschwindet und taucht wenige Minuten später in der geöffneten Tür auf. Dr. Mori folgt ihr. Ganz diskret.

Deine Mutter macht ein paar Schritte, dann bleibt sie plötzlich stehen. Ich weiß, warum: Der Anblick des Raumschiffes ist ein Schock. Auch ich empfand das beim ersten Mal so. Es gibt keinen Ausweg, wenn man diese Welt aus Lampen und Sonden betritt. Sie so aufgewühlt zu sehen, erfüllt mich mit Zärtlichkeit. Ich zeige dich ihr, und sie lächelt, auch wenn sie sich dazu zwingen muss. Dann drückt sie dich an sich.

Danach sitzen wir da, Seite an Seite, und halten dich im Arm. Sie beobachtet dich und sucht nach einer Erklärung, stellt aber keine Fragen und kitzelt dich stattdessen mit einem Finger im Gesicht. Dann flüstert sie dir einige liebevolle Wörter zu. Aber in ihrem Blick liegt eine unendliche Unsicherheit. Du rührst dich nicht, hast sogar aufgehört, mit dem Beinchen zu zappeln. Erkennst du sie denn nicht wieder? Das ist deine Mama! Ich betrachte sie: Sie ist schweißgebadet. Mechanisch flüstert sie dir immer wieder etwas zu, aber sie macht einen völlig verwirrten Eindruck. Ich kenne deine Mutter gut: Verwirrt ist nicht das richtige Wort. Sie ist total verängstigt. Sie betrachtet das Stückchen von deinem Gesicht, das durch die Öffnung des Tuchs zu sehen ist. Sie sieht hin, aber es ist, als würde sie dich gar nicht wahrnehmen. Und auch du siehst sie nicht an. Warum siehst du sie nicht an?

Sie schüttelt den Kopf. Schließlich reicht sie dich mir, als müsste sie sich von einem Gewicht befreien, das sie nicht mehr halten kann. Als würde sie sich an dir verbrennen, wenn sie dich noch länger hielte. Ich muss dir gestehen, dass ich das nicht erwartet hatte. Sie sieht mich an, aber ich finde keine tröstenden Worte für sie. Ich hatte mir das völlig anders vorgestellt.

»Ich muss gehen, ich muss einen Moment hinausgehen«, sagt sie, steht ruckartig auf und entfernt sich. Sie flüchtet aus diesem Raumschiff der Schmerzen. Dr. Mori steht nur wenige Meter entfernt. Kurz hoffe ich, dass sie einen Weg findet, dieses erste Treffen noch herumzureißen. Immerhin ist sie die Expertin, sie muss doch etwas vorbereitet haben. Aber sie rührt sich nicht vom Fleck. Eine Welle des Zorns brandet in mir auf: Sie muss sich doch eine Alternative überlegt haben! Sie ist doch die Expertin hier! Sie hier so reglos stehen zu sehen, während deine Mutter weggeht, erfüllt mich mit Wut. Sie ist so eine Stümperin, völlig unfähig! Sie müsste deiner Mutter nacheilen und eine Lösung finden. Warum tut sie denn nichts? Sie sieht mich an, und wenn ich dich nicht auf dem Arm hätte, würde ich hingehen und sie schütteln. Und sagen: »Stehen Sie nicht so da! Tun Sie doch etwas!«

Dann entschließt sie sich doch dazu hinauszugehen. Du und ich, wir bleiben allein im Raumschiff, aber es hat wenig Sinn. Es hätte nicht so passieren sollen. Du und ich, wir beide kennen uns schon. Das hätte der große Tag deiner Mutter werden sollen.

Es tut mir so leid, mein Kind. Entschuldige. Ich gebe dich der Schwester zurück: Deine Mutter braucht mich jetzt mehr als du. Ich muss gehen, aber sobald ich alles besser verstanden habe, komme ich und erkläre dir alles. Hab keine Angst, deine Mutter liebt dich, sie wird dich lieben. Aller Anfang ist schwer. Erinnerst du dich? Das war auch bei mir so. Du und ich, wir haben uns unsere Zeit genommen. Geben wir sie also auch deiner Mutter. Jetzt laufe ich zu ihr, hab nur ein bisschen Geduld.

24

Alles wird wieder viel schwieriger. Deine Mutter ist noch nicht so weit. Aber mach dich nicht verrückt, das hat nichts zu bedeuten. Warum sie nicht so weit ist? Das weiß ich nicht, ich kenne auch nicht alle Antworten. Zuweilen bin ich nicht einmal imstande, die richtigen Fragen zu stellen. Ob sie irgendwann so weit sein wird? Aber natürlich, sie ist ja schließlich deine Mutter. Aber stell mir keine Fragen mehr, es ist nicht der richtige Moment. Ich muss mich konzentrieren. Heute ist wieder ein wichtiger Tag: Nicht für dich, sondern für mich. Heute muss ich dich der Welt vorstellen.

Glaub nicht, dass das einfach wäre. Ich bekam eine Menge Glückwünsche, Anrufe und SMS. Weißt du, dein Papa hat viele Freunde, und die wissen bis jetzt nur, dass du geboren bist, zu früh, und dass du wegen Atemproblemen im Brutkasten liegst. Viel mehr wissen sie nicht. Es ist an der Zeit, ihnen die ganze Wahrheit zu sagen.

Ich habe sie hierherbestellt. Nein, deine Mama wird nicht dabei sein, sie ist noch zu aufgewühlt. Ich werde mit ihnen sprechen. Aber es wird nicht einfach. Ich sehe schon vor mir, wie sie mich anstarren – mit einem Blick, der sagt, dass sie mich gern mögen und sich gute Nachrichten von mir erwarten. Was sagt man in so einem Moment? Ja, du wirst sie auch sehen. Sie dürfen kurz an die Scheibe kommen, immer zwei und zwei, damit sie dich begrüßen können. Ja, sie sind jetzt da draußen. Sie warten und bangen. Es sind meine Freunde, und sie wollen nur das Beste für mich. Aber ich kann ihnen nicht sagen, dass alles in Ordnung ist, dass du außer Lebensgefahr bist. Es ist Zeit für die Wahrheit. Und ich versuche herauszufinden, wie ich sie ihnen beibringen soll.

Das ist nicht leicht. Nein, nicht, weil ich mich schämen würde. Ich könnte mich niemals für dich schämen. Es ist deshalb schwierig, weil das meine Freunde und Verwandten sind, die einmal deine Onkel und Tanten, Cousins und Cousinen und die Eltern deiner zukünftigen Freunde sein werden. Es sind all die Menschen, zu denen du eine Beziehung haben wirst. Sie sind deine Zukunft. Da darf ich keinen Fehler machen. Ich muss den richtigen Ansatz finden, damit das ein froher Anlass wird. Die richtigen Worte, den besten Weg. Aus diesem Grund muss ich mich konzentrieren, aber ich weiß noch nicht recht, wie ich es anstellen soll. Ich – wir – dürfen nicht noch einmal versagen. Denk nur, wie das bei deiner Mutter danebengegangen ist … Diesmal muss ich mit allen Eventualitäten rechnen. Ich darf das Gleichgewicht nicht verlieren.

»Kommen Sie. Ihre Verwandten warten draußen.«

Sie sagen es sehr einfühlsam, dennoch scheint es mir eher ein Urteil als eine Einladung zu sein. Hinter mir schließt sich die Tür. Du bleibst in deinem warmen Nest, das voller Kabel, Geräte und Piepgeräusche ist, die den Zustand deines Herzens anzeigen. Alles in allem geht es dir gut. Ich bin es, der heute Bauchschmerzen hat und vielleicht etwas wenig peripheren Sauerstoff.

Weißt du, solange wir beide in diesem Raumschiff eingeschlossen sind und dein Geheimnis gut gehütet ist, fällt es mir leicht, unser kleines privates Glück zu genießen. Solange ich mich nicht mit der Welt draußen auseinandersetzen muss, erscheint mir alles ganz normal. Die Zeit mir dir ist perfekt. Aber wenn ich auf die andere Seite der Scheibe trete, wird alles anders. In diesem Flur herrscht eine so unwirkliche Stille, und es gibt niemanden, der mich tröstet! Dort fehlt mir dein Blick, der mir Kraft gibt – auch wenn er nicht sehen kann. Dort fehlt mir deine weiche Haut, die mir Mut zuspricht. Auf dieser anderen Seite der Scheibe fühle ich mich … ja, nackt und hilflos.

Ich lehne mich im Gang an die Wand und warte. Wie gerne wäre ich jetzt an deiner Stelle, in der Wärme des Inkubators, gut genährt und umsorgt. Mir wäre es recht, wenn sie auch mich untersuchen würden, meinen Herzschlag und meine Atmung. Stattdessen bin ich hier, allein, ohne untersucht zu werden, ohne Geräte und ohne einen Experten, der notfalls eingreift. Auf dieser Seite muss ich mich einer ganzen, neugierigen Welt stellen. Einer riesengroßen, heterogenen Welt, die auf Erklärungen wartet. Voller Menschen, die feiern und deiner Mutter gratulieren wollen. Sie haben ein kleines Geschenk mitgebracht, ein Mitbringsel oder eine Glückwunschkarte. Ein breites Lächeln im Gesicht. Auf meinem Handy sind zahlreiche Nachrichten eingetroffen, aber jetzt habe ich es ausgestellt. Ich will niemanden enttäuschen, aber genauso wenig kann ich mit den Lügen weitermachen. Was würdest du sagen? Schlussendlich war es vorher leichter: Deine Mutter wusste noch nichts, und vor ihr durfte niemand etwas erfahren. Ich musste warten, also spielte ich ihnen etwas vor. Aber jetzt? Jetzt habe ich Angst. Davor, nicht dic richtigen Worte zu finden, dem Ganzen nicht gewachsen zu sein.

Mit dem Rücken zur Wand suche ich verwirrt nach einer Lösung. Ohne Erfolg. Auch ich finde nicht immer eine Lösung, mach dir nichts vor. Ich tue so, aber ich habe sie nicht.

Warte, ich muss mich konzentrieren. Vertrau mir … Ich hab's! Ich glaube, das richtige Vorgehen ist für den Moment Folgendes: Ich sage die Wahrheit, zeige aber nicht, was die Konsequenzen sind. Damit lüge ich nicht, spiele aber immer noch eine Rolle. Du wirst sehen, ich werde der starke, mutige, strahlende Vater sein. Genauso werde ich es machen. Ich muss ihnen von dir erzählen, darf aber nichts von meiner Traurigkeit, meinen Ängsten und all den Zweifeln preisgeben. Ich muss mich durch und durch optimistisch geben und ihnen die Freude schenken, die sie sich erwarten. Das muss so sein, denn wenn *ich* mich nicht freue, wer dann? Niemand wird sich je für mich freuen, und auch nicht für dich. Du weißt ja, was bei deiner Mutter passiert ist. Wir waren einfach zu naiv. Vertrauensvoll. Unvorsichtig.

Glaub mir, ich kenne die Menschen: Wenn sie es erfahren, werden sie so dermaßen verblüfft und verunsichert sein, dass sie versuchen werden, sich bei der ersten Gelegenheit einer Reaktion anzuschließen. So funktionieren wir eben. Wenn sie sehen, dass ich weine, werden sie auch weinen, und wenn sie mich verzweifeln sehen, verzweifeln sie ebenfalls. Wenn sie hören, dass ich Gott, das Schicksal oder irgendetwas anderes verfluche, dann werden auch sie Gott, das Schicksal oder irgendetwas anderes verfluchen. Sie werden das tun, was sie bei mir sehen. Wie sollte es auch anders sein, sie sind meine Freunde. Sie werden der Spiegel dessen sein, was wir beide zeigen, du und ich.

So lieb ich dich auch habe, tief in meinem Inneren hat dieser immense Schmerz, den du dir gar nicht vorstellen kannst, eine dünne Spur der Traurigkeit hinterlassen. Ich weiß nicht, wie ich es dir erklären soll, aber vielleicht ist es Zeit, dass ich es versuche: Fünfzehn Monate bevor du auf die Welt kamst, ist dein Großvater gestorben, mein Papa. Völlig unerwartet, von einem Tag auf den anderen. Glaub mir, an jenem Tag dachte ich – Ich war so naiv! –, dass ich daraus gestärkt hervorgehen würde. Ich war mir sicher, dass ich in meinem ganzen Leben nie wieder einen so schlimmen Schmerz erleben würde. Und ich habe ihn überstanden. In einem außergewöhnlichen Buch von Josephine Hart, es heißt *Verhängnis*, geht es um die Kraft, die sich unerwartet in Menschen freisetzt, die in ihrem Leben einen »einschneidenden Schaden« überstanden haben. Was einen nicht umbringt, macht einen härter. Und dieser unendliche Schmerz würde mich, wenn er mich nicht auf der Stelle umbrachte, noch stärker machen. Erfahrener. So dachte ich.

»Na gut«, sagte ich mir zum Trost, »jetzt kann mir nichts mehr etwas anhaben.« Was ich dir damit sagen möchte, ist Folgendes: Dieser Schmerz, so groß und unermesslich er war, kam und ging mit diesem Tod. Du hast mir aber ein Geschenk gemacht, mit dessen Existenz ich nicht gerechnet hätte: Ein Leiden, das nicht ausgelöst wurde durch etwas, das sich dem Ende zuneigt, sondern das eben erst beginnt. Einen Schmerz, der ewig währt. Ich liebe dich sehr, aber ich kann nicht abstreiten, dass ich in mir eine endlose Traurigkeit verspüre. Eine Traurigkeit, von der ich weiß, dass sie nie verschwinden wird und mich, ganz leicht und tief drinnen, jeden Augenblick meines Lebens begleiten wird. Mit dieser Traurigkeit zu leben werde ich lernen müssen, wie man sich damit abfindet, ein kurzsichtiges Auge zu haben. Vor den Augen und Herzen meiner Freunde kann ich diese unendliche, immerwährende Traurigkeit aber nicht zeigen. Sie würden zu sehr leiden. Es wäre die Hölle. Und unser Leben soll nicht zur Hölle werden. Kurzsichtigkeit kann man korrigieren. Wir setzen eine Brille davor, damit es wieder gut wird. Wenn du also das kurzsichtige Auge bist, dann bin ich deine Brille, und die Freunde werden unser Spiegel sein. Ich kann mir nicht vorstellen, mich jeden Tag in abgrundtiefer Traurigkeit zu spiegeln; ich würde daran zugrunde gehen. Ich werde ihnen ein besseres Bild von mir zeigen, auch wenn es erfunden ist. Damit sie über mich das Beste widerspiegeln können, das in dir steckt.

Also keine Tiefe. Ich muss … Wir müssen es so anstellen, dass der Spiegel nur deine und meine Freude zeigt, auch wenn sie oberflächlich ist. Anders betrachtet, wem nützt es denn, wenn man zu sehr in die Tiefe gräbt? Dort trifft man nur auf die Dämonen der Hölle.

Sogar Alexis Sorbas verzichtete auf seine Brille, damit er die winzigen Würmer nicht sehen musste, die in seinem Trinkwasser schwammen. Er wollte es ja bis zum Ende seiner Tage trinken. Ich sage das nur, um zu verdeutlichen, dass auch Helden manchmal lieber an der Oberfläche der Dinge bleiben. Mehr will ich gar nicht sagen.

So mache ich es also. Denn wenn ich dir auf irgendeine Weise zu verstehen gebe, dass du das größte Problem bist, das mir je untergekommen ist, wirst du dein ganzes Leben wie ein Problem leben. Wenn ich dich spüren lasse, dass du eine unauslöschliche Spur der Traurigkeit durch die Tiefe meiner Seele gezogen hast, wirst du für immer in Traurigkeit leben. Und das ist es doch nicht, wofür du kämpfst, dort auf der anderen Seite der grauen Wand. Das ist es doch nicht, wofür du beschlossen hast, zu atmen und dein Herz in Bewegung zu setzen. Davon bin ich überzeugt. Von diesem Augenblick an sind wir beide, du und ich, eine Mannschaft. Die stärkste, unbesiegbarste und unzertrennlichste Mannschaft, die die Welt je gesehen hat.

Ich und du. Das ist ein Versprechen.

Ich weiß nicht, ob du es da drüben auf der anderen Seite der grauen Wand schaffen wirst. Ob es nur ein paar Stunden, einen Tag, Wochen, Jahre oder ein ganzes Leben lang dauern wird. Das weißt nur du. Es hängt von dir ab, davon, wie sehr du bereit bist, zu kämpfen, zu leiden und dich aufzuopfern. Aber solange du da bist, bin ich bei dir. Und ich werde nicht da sein, um die Traurigkeit eines schwierigen Lebens zu bezeugen, sondern die unendliche Freude an deiner Widerstandskraft. Deines Lebenswillens, deiner Kampfeslust, deines Wissensdurstes und deiner Neugierde, alle Dinge auf der Welt zu finden und kennenzulernen. Es wird also keine mitleidvollen Blicke geben, die sich nicht von unserem Enthusiasmus anstecken ließen. Es wird keinen Gedanken an den Tod geben, der sich nicht von unserer Vitalität vertreiben ließe. Jetzt gehe ich auf die andere

Seite der grauen Wand und mache das. Die erste Tat in unserer Verbindung.

Glaub mir, ich werde großartig sein. Ich werde in die Ankündigung, dass du geboren bist, so viel Freude legen, dass alle da draußen, deine Onkel, Tanten, Cousins und Mütter deiner zukünftigen Freunde gar nicht anders können, als mich ein wenig zu beneiden. Sie werden sich fragen müssen: »Warum ist das nicht mir passiert? Warum habe ausgerechnet ich nur einen ganz normalen Sohn bekommen?«

Ich bin bereit. Jetzt habe ich auch keine Angst mehr. Ich öffne die Tür und gehe hinaus. Ich stürze mich in ein Bad aus Lächeln, Umarmungen und Küssen. Und ich beginne zu sprechen. Ich lache und drücke sie, ich beglückwünsche mich, und dann sage ich ihnen alles. Ich gebe ihnen einen Vorgeschmack auf die Freude, die du schenkst, und ich zeige ihnen, welches Band unauslöschlichen, maßlosen Glücks uns beide verbindet.

25

Deine Mama hält dich im Arm. Noch gelingt es ihr nicht, dich so zu lieben, wie du es verdienst. Sie bemüht sich zwar, aber du bist ihr noch fremd. Mach dir deshalb keine Sorgen, das ist ganz normal. Am Anfang habe ich dich auch wie einen Feind behandelt, erinnerst du dich? Zumindest das bleibt dir bei ihr erspart. Du musst Geduld haben, es braucht noch etwas Zeit. Außerdem seid ihr ein gutes Gespann. Ihr seid so zärtlich miteinander, wenn ihr euch aneinanderschmiegt. Vertrau mir, am Ende werdet ihr unzertrennlich sein.

Deine Mutter ist nur so aufgewühlt. Sie hat Angst. Möglicherweise fühlt sie sich auch für etwas schuldig, für das sie nichts kann. Du musst sie einfach nur weiter überraschen, zapple mit dem Beinchen, wenn sie dir Milch gibt. Schließlich wird sie sich erweichen lassen. Und glaub mir, mit dem Fläschchen stellt sie sich schon jetzt besser an, als ich es je konnte. Also, du musst nur Geduld haben. Du darfst nicht denken, dass sie dich nicht lieb hätte. Sie kann es nur noch nicht so offen zeigen. Sie hat dich erst vor wenigen Stunden kennengelernt und muss jetzt damit klarkommen, dass sie nicht das in Händen hält, was sie sich gewünscht hat. Und du kannst da drinnen ja auch gar nicht wissen, wie viel Mühe sie sich für dich macht. Unzählige Male habe ich sie in diesen sterilen Raum begleitet, in dem man die Milch abpumpt. Das ist ein immens großer, völlig schmuckloser Raum, in dem hier und da ein Sofa steht, an dessen grauen, glatten Wänden aber keine Bilder hängen. Nur ganz hinten steht ein weißer Kühlschrank, der so alt ist, dass er zu müde zum Kühlen scheint. Meistens hört man, wenn man den Raum betritt, nichts außer dem lästigen Surren des Kühlschrankmotors. Auch das Licht dort ist schwach. Trotzdem setzt deine Mutter sich immer wieder unter das einzige große Fenster, befestigt sich diesen Plastiksaugnapf an der Brust und schaltet ein ziemlich lautes kleines Gerät an. Sie lässt kein einziges Mal aus, sie ist hartnäckig. Aber so ist sie immer schon gewesen, deine Mutter. Das mit der Milchpumpe macht sie aber nur, damit du, wenn du eines Tages an ihrer Brust trinken wolltest, dort immer noch Milch vorfinden würdest. Irgendjemand hat ihr gesagt, es wäre wichtig, dass du eines Tages an ihrer Brust trinkst.

Du hast keine Ahnung, wie umständlich und mühsam das Abpumpen ist. Alle vier Stunden pumpt sie Milch für dich ab. Glaub mir, nicht einmal ich, der dich mittlerweile so unendlich lieb hat, würde das aushalten. Darum darfst du nicht denken, dass ich mehr Liebe für dich übrig hätte als sie. Das stimmt nicht. Ich überschütte dich mit Worten, aber du trinkst ihre Milch, nicht meine. Gib ihr die nötige Zeit, und der ganze Rest kommt von alleine. Es braucht nur Zeit. Hab Vertrauen.

26

Gestern konnte ich nicht schlafen, also surfte ich eine Weile im Internet. Bei meiner Recherche stieß ich auf etwas, das mich zum Nachdenken brachte: Etwa 78 Prozent der Kinder, die so sind wie du, sind Fehlgeburten. Also beschließen nur zweiundzwanzig von hundert Kindern, überhaupt auf die Welt zu kommen, die anderen achtundsiebzig verzichten darauf. Das hat mir gezeigt, dass du etwas ganz Seltenes bist, ein kleines Wunder. Einer der wenigen, die es geschafft haben, einer, der unbedingt ans Ziel kommen wollte. Du hast nicht aufgegeben. Du bist eine wertvolle und starke Persönlichkeit. In dir stecken so viele Wunder, die oft übersehen werden. All die Wunder des Lebens, das sich in dir ausdrückt und das beschließt, nicht klein beizugeben, sondern zu gewinnen. Du bist aus dem Kampf mit dem Tod als Sieger hervorgegangen. Achtundsiebzig andere haben es versucht und sind gescheitert. Aber du hast es geschafft. Du hast durchgehalten: gezeichnet und unvollkommen zwar, aber du bist auf die Welt gekommen. Das macht dich zu einem großen Mann, zu einem Bezwinger des Lebens. Du, den andere, die es nicht besser wissen, als den Ausdruck missglückten Lebens schlechthin betrachten, kannst allen zeigen, wer der Meister ist. Niemand von ihnen musste an dem Kampf teilnehmen, den du durchstehen musstest, um überhaupt so weit zu kommen. Ich bin nicht sicher, wie viele von ihnen siegreich daraus hervorgegangen wären.

Gestern Nacht habe ich verstanden, dass du, so klein du auch bist, ein größerer Mann bist als ich. Ganz ehrlich, ich weiß nicht, ob ich es an deiner Stelle geschafft hätte. Willst du die ganze Wahrheit wissen? Ich war noch nie besonders hart im Nehmen.

Ich habe mir immer lieber den leichteren Weg gesucht, wie das mein Schicksal als Glückspilz eben vorsieht. Ich glaube, dass ich in deinem Fall das Handtuch geworfen und zu den achtundsiebzig Verlierern gehört hätte. Ich kenne mich. Niemals hätte ich die Kraft aufgebracht, das durchzustehen. Vielleicht wäre ich einige Monate lang mit Begeisterung dabei gewesen, vielleicht hätte ich sogar die anderen angefeuert, es doch zu versuchen. Aber dann, angesichts der ersten Schwierigkeiten, wäre mir die Energie ausgegangen, und am Ende wäre ich zusammengebrochen. Wenn es darum geht, sich durchzubeißen und die ersten Prankenhiebe des Lebens einzustecken, verdrücke ich mich. Schmerzhafte Dinge vertrage ich schlecht, daher vermeide ich sie. Wenn das Spiel zu hart wird, höre ich auf. Du nicht. Du bist geblieben, einer von zweiundzwanzig.

Du bist ein schönes Beispiel für einen, der es geschafft hat, daher musst du auch niemandem mehr etwas beweisen: Im Unterscheid zu uns anderen bist du schon als Gewinner geboren. Das Leben hat dir so miserable Karten ausgeteilt, aber du bist trotzdem im Spiel geblieben, bis zum Ende, und hast den Mut aufgebracht nachzusehen, was im Talon ist.

Du bist großartig! Erinnerst du dich, dass ich Zweifel hatte? Aber wenn ich das lese, sehe ich, dass sie sich in Luft aufgelöst haben! Wenn mich jetzt jemand fragt: »Was ist mit Ihrem Sohn?«, sage ich: »Mein Sohn ist einer von zweiundzwanzig. Eine Rarität. Ein Wunder. Ein Vorbild. Ein Meister des Lebens. Im Unterschied zu uns allen ist er als Sieger geboren.«

Für dich klingt das vielleicht lächerlich, aber ich bin sehr froh, dass ich seit gestern weiß, was du bist. Und ich werde es deiner Mutter erzählen. Dass du ein geborener Gewinner bist. Gute Nacht, mein Kind.

27

Während wir darauf warteten, zu dir hinaufzugehen, haben deine Mutter und ich über dich gesprochen. Wie du aufwachsen wirst, wie wir dich aufwachsen sehen werden. Auch die anderen Eltern machten es so: Einige machten sich Sorgen wegen der Gelbsucht, andere wegen eines zu niedrigen Geburtsgewichts, die nächsten wegen einer Bindehautentzündung, die nicht weggehen wollte. Weißt du, es war nicht leicht, sich dort aufzuhalten.

Immer wenn ihre Blicke auf uns fielen, senkte sich ein Unbehagen über uns. Es entsteht immer Unbehagen, wenn man das eigene Leid mit einem unendlich größeren Leid vergleicht. Man fühlt sich befangen, auf der einen und auf der anderen Seite.

Ich habe eine gute Freundin, die einen Palästinenser geheiratet hat und in sein Land gezogen ist. Dort läuft sie meist barfuß zwischen Geröll herum, dort gibt es Bomben, Unterdrückung und den Geruch von Tod, der zwischen den Häusern durchweht. Und jedes Mal, wenn sie nach Rom zurückkehrt, kann sie sich nicht erklären, warum ihre alten Freundinnen sich so darüber aufregen, die Schuhe, die ihnen gut gefallen hätten, nicht kaufen zu können oder ein bestimmtes Kleid oder Schmuck aus den Schaufenstern der Via Condotti. Ich glaube, es gibt einige Parallelen zwischen ihren Besuchen in Rom und unserem Aufenthalt hier auf der normalen Entbindungsstation.

Mittlerweile sind wir das Paar, über das im ganzen Krankenhaus am meisten getratscht wird. Fast alle wissen über dich Bescheid. Manche beobachten uns, andere urteilen über uns, wieder andere bemitleiden uns – aber immer im Verborgenen, ganz leise. Als wäre es verboten, das offen zu tun. Das sind die Leute, die ich am wenigsten ertrage. Das Gute ist, dass wir das alles nicht mehr lange mitmachen müssen. Schon bald wird deine Mutter zu dir hinauf verlegt, wo die Mamas der anderen Argonautenkinder sind. Und in der Zwischenzeit bleibt uns nichts anderes übrig, als die Verlegenheit auszukosten, ihre und unsere. Denn nachdem sie unseren Schmerz kennen, glauben sie, dass ihre Sorgen minimal sind. Aber genau das ist der Fehler. Ich habe verstanden – und das verdanke ich dir –, dass meine Freundin einen Fehler macht, wenn sie überhaupt nach Rom zurückkehrt. Wenn sie es schon macht, müsste auch sie lernen, sich um ihre Schuhe Gedanken zu machen und sich über eine Laufmasche oder unpassende Ohrringe aufzuregen. Im Grunde ist das der größte Widerspruch der Globalisierung: Es werden Dinge zusammengewürfelt, die nie dazu bestimmt waren, beisammen zu sein.

Deine Mutter und ich dürfen den Eltern der »normalen« Kinder nicht verbieten, sich über Dinge Sorgen zu machen, die für uns lächerlich sind. Wir können nicht von ihnen verlangen, dass sie sich schuldig fühlen, nur weil nicht sie dich bekommen haben. Das wäre absurd. Es wäre nicht richtig, wegen eines geschwollenen Auges oder einer etwas dürftig ausgefallenen Mahlzeit auf sie herabzuschauen. Nur weil du, im Unterschied zu ihren Kindern, im Brutkasten ums Überleben kämpfst. Es hat wenig Sinn, das Schicksal ihrer Kinder mit deinem zu vergleichen. Nicht sie sind es, die sich am falschen Ort aufhalten, deine Mutter und ich sind hier fehl am Platz. Dies ist die Abteilung der glücklichen Paare. Wir aber sollten auf unser Schlachtfeld in Palästina gehen, in den oberen Stockwerken. Und sie haben noch eine Entschuldigung: Ich war von Anfang an nicht besonders nett zu diesen armen glücklichen Eltern. Ich hegte viel zu viel Wut und ungerechtfertigten Groll. Warum ich und nicht sie? Ich dachte, ich wäre mehr wert als sie, warum also musste ausgerechnet ich dich bekommen? Ich war ein unsympathischer Zyniker. Auch gegenüber einem der nettesten Väter hier in diesem Raum. Das tut mir jetzt leid.

Noch bevor sich die Nachricht in allen Ecken des Krankenhauses verbreitet hatte (»Sind das nicht die Eltern mit dem Down-Kind?«), kam dieser Vater zu mir und fragte: »Was hat ihr Sohn, dass sie ihn noch nicht herunterschicken?«

Und ohne Vorwarnung, wohl aus einer Bösartigkeit heraus, drückte ich ihm die Liste mit der »Begleitinformation« in die Hand, die ich am ersten Tag nach deiner Geburt erhalten hatte und seitdem immer in der Hosentasche trug.

»Eine von diesen Sachen da oder vielleicht auch alle, das weiß man noch nicht so genau.«

Er faltete das Blatt auseinander, las es aber sicher nicht zu Ende, denn er drückte es mir allzu schnell wieder in die Hand. Leise und kleinlaut sagte er: »Entschuldigen Sie bitte«, und entfernte sich eilig, als hätte ich eine ansteckende Krankheit.

Aber ich wollte ihn nicht entschuldigen. Heute weiß ich, dass ich mich bei ihm hätte entschuldigen müssen. Damals aber dachte ich: »Da hast du schon einen Anflug von Menschlichkeit, kleiner Mann, und dann ziehst du mittendrin den Schwanz ein, weil du nicht die Kraft hast, es durchzuziehen.« Das habe ich ihm nicht gesagt, aber idiotischerweise hoffte ich, dass er zurückkommen und mir eine Umarmung oder ein paar Tränen schenken würde, ganz spontan und ehrlich. Und als er das nicht tat, verfluchte ich ihn für seine feige Flucht, die er durch seine bescheidene Stimme, den gesenkten Blick und den offensichtlichen Kummer auszugleichen suchte.

Heute bin ich überzeugt, dass er recht hatte: Der Fehler lag bei mir. Ich war der Vater mit der falschen Liste in der Tasche. Nein, am Anfang habe ich das Verhältnis zu den anderen wahrlich nicht leichter gemacht. Aber ich war wütend. Viel zu wütend.

28

Sie haben uns jetzt in die oberen Etagen verlegt, und deine Mutter lässt sich immer öfter an der Scheibe deines Raumschiffes blicken. Manchmal winkt sie dir zu, auch wenn du sie nicht erkennst, und sie lächelt dir zu. Manchmal aber verliert sich ihr Blick in einem der vielen Lichter deines Brutkastens, und ihr Ausdruck verdüstert sich. Eine Falte taucht auf ihren Lippen auf, und sie beißt sich von innen auf die Wangen. Dann weiß ich, dass ich eingreifen muss: Ich gehe zu ihr, umarme sie, küsse sie. Ich versuche, die Gedanken, die in ihr aufkeimen, ganz weit fortzujagen. Ich zeige ihr, welchen Kampf die anderen kleinen Argonauten zu führen haben: Nicola, der so klein ist, dass es fast den Anschein hat, sein Brutkasten sei leer. Sara, der die Ärzte verrückt gewordene Batterien in den Körper eingesetzt haben, die sie nicht einen Moment still liegen lassen. Alles an ihr ist dauernd in Bewegung. Und Patrizia erinnert mich mit ihrem dichten schwarzen Haar so sehr an die Comicfigur Mafalda, dass ich sie Mafaldina getauft habe. Giovanna hingegen hat einen wachen, lebendigen Blick. Man könnte meinen, sie wäre ein perfektes Mädchen, bis sie jemand aufhebt, um sie in den Arm zu nehmen. Dann erst erkennt man, dass sie statt der Beine nur zwei dünne, weiche Stränge hat. Sie sehen aus wie Knetmasse, darum nenne ich sie manchmal Plastilina. Aber – das musst du mir glauben – darin liegt keine Bösartigkeit, im Gegenteil. Ich sage solche Dinge mit der gleichen Zuneigung, wie wenn ich dich »kleiner Chinese« nenne. Denn je mehr Zeit ich in diesem Raumschiff verbringe, desto klarer wird mir, dass Unvollkommenheit nur dort existiert, wo man

Angst davor hat. »Die höchste Form der Intelligenz ist die Weisheit zu beobachten, ohne zu urteilen«, sagt der indische Philosoph Krishnamurti. Anfangs konnte ich das noch nicht verstehen, aber heute glaube ich, dass dies der intelligenteste Satz ist, der jemals ausgesprochen wurde. Ich bin mehr und mehr davon überzeugt, dass ein Urteil, und zwar jedes einzelne, das Ergebnis von Angst ist. Eine praktische Art, Angst zu vertreiben, ist natürlich auch, sich über das, was einen erschreckt, lustig zu machen. Das ist, glaube ich, auch der Grund, warum ich versuche, etwas Lustiges in euch zu sehen. Aber das heißt nicht, dass ich euch lächerlich mache. Klar seid ihr anders, und vor allem zwingt ihr uns, eure Eltern, anders zu sein als die anderen. Aber in einer Welt, in der alles immer ähnlicher wird, ist Anderssein meines Erachtens ein Plus.

Sie geben uns das Zeichen, dass wir hereinkommen können, und nach dem Reinigungsritual, dem Mantel- und Schuhschutzüberziehen können wir zu dir. Während deine Mutter dich in den Armen wiegt, möchte ich dir etwas erzählen. Weil wir schon beim Thema Angst waren. Vielleicht bringt es dich zum Lachen: Als wir eben in das neue Zimmer kamen und endlich ein klein wenig Privatsphäre hatten, begannen deine Mutter und ich, darüber zu diskutieren, dass du möglicherweise gar nicht du seist. Wir fürchteten, du könntest vertauscht worden sein, weil wir den Eindruck hatten, dass viele Details rund um deine Geburt einfach seltsam waren. Mehr als eine Sache schien uns suspekt: Deine Mutter hatte dich nicht sehen dürfen, man hatte sie sofort in Vollnarkose versetzt, während du unter allgemeinem Tumult von einer Krankenschwester zuerst in einen Raum und dann in den anderen getragen wurdest, bis du schließlich bei mir ankamst. Daher fragten wir uns: Was ist in diesen Räumen geschehen? Man sagte uns, dass sie dir Sauerstoff gegeben haben, aber wenn das in Wirklichkeit ein

Schwindel war? Und warum hatten sie deine Mutter in Tiefschlaf versetzt?

Und dann all die Wege, bevor man dich zu mir brachte: wofür? Wir dachten, vielleicht war das ein Ablenkungsmanöver, um den Tausch durchzuführen. Wir überlegten im Ernst, dass sie einen Trick angewendet haben könnten, um unser »perfektes Kind« zu entführen und uns stattdessen dich zu geben. Wir diskutierten mehrere Stunden darüber. Und nicht nur das, wir hielten es tatsächlich für plausibel. Du warst gar nicht unser Kind! Du gehörtest irgendeinem reichen, zynischen Pärchen, das nur auf zwei naive Eltern gewartet hatte, um dich auszutauschen. Vielleicht warst du sogar schon zwei oder drei Tage älter? Wer weiß. Und je weiter wir uns in unsere Überlegungen hineinsteigerten, desto wahrscheinlicher wurde das Szenario für uns. Wieso hatte man uns zu dieser letzten Kontrolle gebeten? Warum sollte sich ein Krankenhaus die Mühe machen, uns deshalb anzurufen? Schließlich hatte deine Mutter keine Beschwerden geäußert. Warum hatte man plötzlich beschlossen, einen Kaiserschnitt durchzuführen, wenn doch bis zum Tag davor alles normal verlaufen war? Warum wurde nicht bis zur vierzigsten Woche gewartet? Du wurdest wegen Mangels an Fruchtwasser geholt, das bis dahin noch ausreichend schien. Der Mangel wurde von einem Ärzteteam festgestellt, das wir nicht kannten. Wer waren diese Leute? Gesichter, die wir nie zuvor gesehen hatten. Warum wollten sie nicht, dass wir Maurizio, unseren Gynäkologen, in die Entscheidung mit einbezogen? Wozu die ganze Eile? Unsere Verschwörungstheorie drehte sich um korrupte Ärzte, die dich irgendwo »unterbringen« mussten, und unter all den möglichen Paaren hatten sie eben uns ausgewählt. Dann hatten sie mit deiner Beobachtung begonnen, um eine angespannte Atmosphäre vorzugaukeln. Sie behaupteten, du hättest Schwierigkeiten mit der Atmung, man könne nicht länger warten, man müsse operieren. Die Experten, die wir an jenem Tag als unsere Retter angesehen hatten, verwandelten sich in unseren Überlegungen in deine Entführer. Wie ließe es sich sonst erklären, dass sie sich bei deinem Gewicht um mehr als ein Kilo verschätzt haben?

Verdachtsmomente, Paranoia und Zweifel hatten uns sogar so weit gebracht, dass ich mit Dr. Mori darüber sprach. Ihre Reaktion war sehr klug: Statt in unkontrolliertes Lachen auszubrechen, sagte sie entschieden: »Wenn Sie das glauben, können Sie einen DNA-Test durchführen lassen.«

Ich sah sie überrascht an; solch ein Entgegenkommen hatte ich mir nicht erwartet. »Tut das weh?«, fragte ich zögernd.

»Nur wenn sich herausstellt, dass Sie nicht der Vater sind.«

Verwirrt starrte ich sie an.

»War nur ein Scherz«, fügte sie hinzu, um mir auf die Sprünge zu helfen. Dann begab sie sich zu deiner Mutter und erklärte ihr, dass unsere Reaktion ganz natürlich sei und bei allen Eltern vorkomme, die nicht ganz perfekte Kinder zur Welt gebracht haben. »Ich sage das jetzt einmal so, obwohl ich mittlerweile überzeugt bin, dass es keine perfekten Kinder gibt. Deshalb ist das eine ganz normale Reaktion.«

»Es ist wirklich normal zu denken, dass das eigene Kind im Krankenhaus entführt worden ist?«, fragte ich sarkastisch nach.

»Nein, vielleicht habe ich mich falsch ausgedrückt: Es ist nicht auf der Tagesordnung, aber ein wiederkehrendes Verhalten bei Eltern behinderter Kinder.«

Ich lächelte sie an, denn mittlerweile mochte ich Dr. Mori gern und wollte sie nicht in eine unangenehme Situation bringen. Dann sprach sie weiter: »Was ich sagen will: Ablehnung ist fast immer die erste Reaktion. Die Idee mit der Vertauschung ist dabei sehr häufig.«

Ich fixierte sie immer noch.

»Der DNA-Test kann Ihnen helfen, jeden Zweifel, den Sie möglicherweise hegen, auszuräumen. Auch wenn ich Ihnen versichern kann, dass auch der verrückteste Arzt sich nicht darauf einlassen würde, ein Neugeborenes zu vertauschen.«

Danach sah sie mich an, und diesmal war sie es, die sarkastisch wurde: »Ich persönlich finde die Ähnlichkeit mit dem Vater frappierend. Aber wenn Sie meinen …« Dann ließ sie deiner Mutter und mir etwas Zeit, einander anzusehen und uns ziemlich dumm vorzukommen.

»Danke. Wir denken darüber nach«, sagte ich noch, um dem Gespräch ein Minimum an Plausibilität und Sinn zu verleihen. Nachdem Dr. Mori gegangen war, spannen wir unsere Überlegungen aber zum Spaß noch ein wenig weiter. Wir stellten uns vor, welches der normal geborenen Kinder du hättest sein können. Es gab da eines, das war vorzüglich geglückt. Der Junge hieß Davide und wog 3800 Gramm. Ein kleines Kälbchen. Er hatte helle petrolblaue Augen, blonde Haare und ein kleines rotes Herz anstelle eines Mundes, das inmitten seines runden Köpfchens saß. Fast schien es, als hätte er sich gekämmt, bevor er auf die Welt gekommen war. Seine Haut war bonbonrosa, nicht so blass und durchsichtig wie deine. Keine einzige Ader sah man darauf. Sein Blick war wach und intelligent, vom ersten Schrei an. Er war der perfekte Sohn. Und doch, je länger ich ihn ansah, desto klarer wurde mir, dass ich dich mit all deinen Eigenarten lieber habe. Während ich so mit deiner Mutter scherzte, erkannte ich, dass ich jetzt, auch wenn sie dich vertauscht hätten und du nicht mein leiblicher Sohn wärst, kein anderes Kind mehr wollte als dich. Dein Beinchen mit seinem Zucken, der Blick, der die Dinge fixiert, obwohl er nicht fokussieren kann. Wie könnte ich ohne all das noch leben? Natürlich würde ich auch meinen leiblichen Sohn nehmen, aber nicht im Austausch. Jetzt nicht mehr. Und ich sage das im Vollbesitz meiner Sinne. Jetzt und heute würde ich dich wählen.

Ich habe auch deine Mutter gefragt, und ehrlich gesagt,

denkt sie da anders. Sie würde dich gerne für ein gesundes Kind eintauschen, auch wenn es nicht ihres wäre. Ohne Präferenzen, einfach irgendeines, Hauptsache, es ist gesund. Aber wir müssen ihr noch Zeit lassen, meinst du nicht? Deine Mutter hat immer schon etwas Zeit gebraucht, um große Veränderungen zu akzeptieren. Aber wenn sie es geschafft hat, wird sie deine stärkste Verbündete sein, die ehrlichste und treueste. Die Tatsache, dass sie begonnen hat, über dich zu scherzen und nachzugrübeln, ist ein gutes Zeichen. Die Bitterkeit löst sich Stück für Stück auf, und die Ironie hilft ihr dabei.

29

Machst du dir jetzt Sorgen, weil ich dir nur noch nette Dinge sage? Weil ich dir sagte, dass ich nicht mehr auf dich verzichten könnte? Du glaubst, dass ich dich auf den Arm nehme? Nein, das stimmt nicht. Mir fallen nur mittlerweile neue Dinge ein, die ich dir sagen kann. Die ganzen Gemeinheiten habe ich dir ja schon alle am Anfang gesagt, auf einen Schlag. Und sie waren falsch. Weißt du, was mich im Moment wirklich traurig macht? Dass Maurizio und Marina nicht da sind. Er sollte bei der Geburt der Gynäkologe deiner Mutter sein, und sie war schon seit fünf Monaten deine Hebamme. Aber Marina war für uns in erster Linie eine Freundin geworden. Und wo ist sie jetzt? Und Maurizio, der immer ein aufmunterndes Wort bereithielt? Die beiden hätten in der Sekunde deiner Geburt dabei sein sollen; stattdessen sind sie noch nicht einmal gekommen, um dich kennenzulernen, nach all den Tagen. Als hättest du etwas Falsches an dir, das sie nicht erkannt hätten. Aber das ist nicht der Fall: Wenn hier etwas falsch läuft, dann liegt es an ihnen. Und außerdem sind sie dumm, weil ihnen nicht klar ist, was sie verpassen. Nur ein Dummkopf würde einen Tag mit dir versäumen wollen.

30

Ich hatte glatt vergessen, dir eine Ankündigung zu machen: Seit ein paar Tagen hast du einen Namen! Offiziell im Geburtenregister eingetragen. Du heißt Francesco. Natürlich, wie hättest du denn sonst heißen sollen? Ich hoffe aber, dass du es mir nicht übel nimmst, wenn ich dich trotzdem noch von Zeit zu Zeit »kleiner Fisch« nenne. Jedenfalls, um dir diesen Namen zu geben, sind wir in eine Situation geraten, die einer englischen Komödie würdig wäre. Tja, auch wenn sich die Welt ständig weiterdreht, passieren im Leben immer wieder Dinge, die es uns unmöglich machen, uns ganz von der Realität abzukapseln. Zur Registrierung deines Namens mussten wir hinunter in das hauseigene Meldeamt des Krankenhauses. Wir waren schon um Tage zu spät. Ich schob deine Mutter in einem quietschenden, aus der Orthopädie geliehenen Rollstuhl vor mir her, der in einem ziemlich schlechten Allgemeinzustand war, so gesehen also recht gut zum Gemütszustand deiner Mutter passte. Sie war wegen des Eingriffs mit dem Ballon noch etwas schwach und wegen der Wahrheit über dich noch sehr aufgewühlt.

Bisher hatten wir bei all unseren Diskussionen nie mehr über deinen Namen gesprochen. Francesco war unser Lieblingsname und schon seit Ewigkeiten beschlossen. Aber passte er auch für dich? Du warst immerhin nicht unser Lieblingssohn. So ging uns einen Augenblick lang dieser Gedanke durch den Kopf: Wenn wir ihn jetzt Francesco nennen, können wir den Namen später nicht mehr verwenden, wenn wir vielleicht andere, gesunde Söhne bekommen. Ganz kurz erschien es uns dort vor dem Meldeamt als Verschwendung, dir unseren Lieblingsnamen zu geben. Aber wir hatten uns keine Alternative überlegt, also zögerten wir. Lächerlich!

Stell dir nur diese Szene vor: Wir betreten den Raum, vor uns warten drei andere Pärchen. Ihre Gesichter sehen völlig anders aus als unsere: sorglos, freundlich, entspannt. Sie starren uns an. Wir sehen aus, als kämen wir von einem grausamen Schlachtfeld. Auch der Mann hinter dem Schreibtisch betrachtet uns, insbesondere mich.

»Bitte, nehmen Sie Platz.«

Er zeigt auf eine Bank, die seitlich an der Wand steht. »Was fehlt Ihrer Frau denn?«

Ich sehe deine Mutter an und wähle die einfachste aller Antworten: die Wahrheit. »Es ist nichts Schlimmes. Nur die Nachwehen der Geburt.«

Eines der Paare, das sich bereits vor dem Beamten befindet, sagt zu uns: »Bitte, macht ihr doch zuerst.« Also gehen wir nach vorne. Ich schaue den Beamten genauer an und er mich. Dann weiß ich wieder, welcher Name zu diesem Gesicht gehört: Fronteddu Marino. Wiederholungsschüler der Klasse 5 a der Grundschule Paranzellastraße in Ostia. Ein ganzes Jahr lang spielte ich mit ihm in der Pause »Richter, Katze, Maus und Henker«. Ein ganzes Jahr lang gaben wir uns gegenseitig mit verknoteten Taschentüchern Peitschenhiebe auf die Finger. Stück für Stück kehren die Erinnerungen wieder. Bilder, wie wir aufgekratzt hintereinander herliefen, Zettelchen austauschten, Urteile verkündeten und Strafhiebe austeilten. Aber ich sage nichts. Ich habe nicht die Kraft. Und auch keine Lust. Ich weiß nicht, ob er mich wiedererkannt hat, vielleicht schon. Jedenfalls respektiert er meinen Wunsch nach Anonymität.

»Also?«, fragt er. »Wie soll das Kind denn heißen?«

Deine Mutter sieht mich an. Es entsteht diese lange, unangenehme Stille. Die anderen Paare mustern uns neugierig.

»Francesco«, sage ich eilig. »Er soll Francesco heißen.« In

diesem Moment bricht deine Mutter in Tränen aus. Sie weint bitterlich, ehrlich und ungeniert. Der Beamte versucht, sich nicht aus der Ruhe bringen zu lassen, und sagt mit der gleichen lauten Stimme, die er schon als Kind hatte: »Aber Signora! Wenn Ihnen der Name nicht gefällt, müssen Sie es Ihrem Mann sagen. Es ist immer noch Zeit, ihn zu tauschen!«

Mit einer Ironie, die ich in diesem Moment nicht für möglich gehalten hätte, sage ich: »Nein, nein, der Name ist schon in Ordnung. Sie will lieber das Kind tauschen.« Der Beamte sieht uns an, und ohne seine gute Laune zu verlieren kommentiert er: »Tja, Signora, das tut mir leid, aber das Kind müssen Sie schon behalten. Sie haben es schließlich selbst gemacht!« Und dann fügt er aufmunternd hinzu: »Also, dann schreibe ich Francesco?«

Er wartet auf eine Bestätigung deiner Mutter, die mit einem Nicken zustimmt, und reicht uns schließlich einige Papiere. Dazu liefert er verschiedene Erläuterungen, welche davon wir einreichen und welche wir behalten müssen, und irgendwelche zusätzlichen Hinweise, an die ich mich nicht erinnern kann. Ist das Leben nicht oft seltsam? Ausgerechnet der Junge, der mir öfter als jeder andere Knoten in die weißen Taschentücher meiner Kindheit gemacht hat, verknüpft jetzt deinen und meinen Namen miteinander. Ironie des Lebens.

31

Dr. Mori hat uns um ein weiteres Treffen gebeten. Diesmal war auch ein zweiter Arzt anwesend, ein auf Kinder spezialisierter Neuropsychiater, der auffallend langsam war, sowohl in seiner Sprache als auch in seinen Bewegungen. Über zwei Stunden verbrachten wir bei ihm. In dieser Zeit versuchte er, uns zu erklären, was uns mit dir erwartet. Er begann mit der Frage, ob wir jemals im Zoo gewesen seien.

»Ja, aber nicht mehr, seit er zum Biopark ernannt wurde«, entgegnete ich etwas ironisch. Er wandte sich zuerst deiner Mutter und dann mir zu. Sein Blick war völlig urteilsfrei.

»Der Name ist nicht wesentlich, die Tiere sind ja die gleichen geblieben«, antwortete er vielleicht mit derselben Ironie. »Wenn Sie Glück hatten und es ein schöner, sonniger Tag war, ist Ihnen sicher die Vielzahl an verschiedenen Tieren aufgefallen, die es in einem Zoo gibt. Jedes einzelne mit seinen Besonderheiten. Es gibt keine zwei Arten, die gleich sind. Alle diese Arten besitzen jedoch gleiche Fähigkeiten, die sie allerdings auf völlig andere Weise erreichen. Um sich fortzubewegen, hat eine Schlange keine Beine, sondern kriecht auf dem Bauch. Ein Strauß steht auf zwei Beinen, die Giraffe läuft auf vier Beinen, und die Robbe schwimmt. Der Adler bewegt sich mit den vorderen Extremitäten fort: Er fliegt. Die Natur lehrt uns, dass es nicht eine bevorzugte Art gibt, sich fortzubewegen, sondern viele verschiedene Strategien. Die andere wichtige Erkenntnis ist, dass es kein einziges Lebewesen gibt, das sich nicht auf irgendeine Art fortbewegt. Es wäre ein sinnloses Unterfangen, festlegen zu wollen, welche Fortbewegungsart nun die beste ist.

Jeder würde eine andere Art wählen oder verwerfen. Dann wird Ihnen aufgefallen sein, dass jedes Tier so seine Eigenarten hat. Der Elefant gebraucht seine Nase, um Gegenstände festzuhalten. Der Affe hängt mit dem Schwanz von Ästen herunter. Der Ameisenbär sucht mit der Zunge nach Nahrung.«

Er sprach noch mehrere Minuten weiter, als wäre er Reporter bei *National Geographic.* Am Ende erzählte er, dass in der Savanne Geparden und Löwen leben. Der Gepard ist schnell und zackig wie ein Blitz, der Löwe hingegen behäbig, langsam, faul. »Was ich damit sagen will: Die Kinder anderer Eltern werden Ihnen wie Geparden vorkommen, während Ihr Kind eher dem Löwen gleicht. Ihr Sohn wird mehr Zeit brauchen, um dorthin zu gelangen, wo die anderen sind. Aber er wird hinkommen.« Dann meinte er, dass aus seiner Sicht die Langsamkeit nicht notwendigerweise ein Nachteil wäre, sondern auch ihre guten Seiten habe. Sie erlaubt es zum Beispiel, die Dinge intensiver auszukosten. Etwas, das langsam erobert wird, fühlt sich besser an, harmonischer. Genauso sagte er es. »Ihr Sohn wird sich mehr Zeit nehmen, jede seiner Errungenschaften voll auszukosten. In unserer hektischen Zeit erachte ich das als großes Geschenk.«

Mein kleiner Löwe! Genau das hat er gesagt: dass du ein Geschenk bist. Dann zeigte er uns die Entwicklungstabellen, die auf dich zutreffen. Mit zirka siebzehn Monaten wirst du krabbeln können, und bis du gehen kannst, müssen wir uns zwischen vierundzwanzig und sechzig Monate gedulden. Wenn alles gut geht, wirst du mit zweiundvierzig Monaten allein eine Treppe hochkommen. Es ist nicht sicher, dass du das alles auf eine völlig koordinierte Weise tun wirst. Du wirst ein wenig tollpatschig sein, möglicherweise breitbeinig gehen und wegen der überdehnbaren Bänder eine Stützeinlage in den Schuhen tragen. Mit achtzehn oder zwanzig Jahren wirst du die Fähigkeiten eines Drittklässlers haben, und nach und nach wirst du mit viel Üben, Geduld und Zeit ein mehr oder weniger selbstständiges Leben führen können. Mit Sicherheit wirst du Schwierigkeiten haben, abstrakte Konzepte zu erfassen, aber du wirst einen Computer bedienen können und wohl auch alle gängigen Haushaltsgeräte. Du wirst in der Lage sein, zu Dingen eine Beziehung aufzubauen, allerdings eher auf emotionaler als auf logischer Ebene. Du wirst eine Neigung zur Musik haben und es wahrscheinlich nicht mögen, wenn man dir an die Haare fasst. Dafür gibt es zwar keine wissenschaftliche Erklärung, aber die Statistik spricht dafür. Was den Spracherwerb betrifft, ist das Spektrum so breit, dass er es vorzog, hier keine Prognosen abzugeben. Das Sprachverständnis ist im Allgemeinen gut, aber das Sprechen selbst reicht von flüssigem Sprachgebrauch bis hin zu einer einsilbigen Ausdrucksweise. Das kann nur die Zeit zeigen. Anschließend erzählte er uns noch jede Menge Dinge darüber, wie deine Welt aussehen könnte, wie du mit Emotionen umgehen wirst und dass du ein normales Bedürfnis verspüren wirst, deine Sexualität auszuleben. Er hat uns außerdem gesagt, dass du höchstwahrscheinlich unfruchtbar sein wirst. Er hat uns berichtet, welche Möglichkeiten es zurzeit gibt, deine Stärken zu fördern und an deinen Schwächen zu arbeiten, innerhalb des Gesundheitssystems, bei Spezialeinrichtungen und Verbänden. Am besten sollten wir sofort damit anfangen. All das sagte er uns mit einer außergewöhnlichen Ruhe. Ohne Theater und ohne Nachdruck. Als stellte er uns eine der vielen Tierarten aus seinem Zoo vor.

Damit bestätigte er einen Gedanken, der in mir bereits herangereift war: dass das Leben mit dir eine Freude sein kann. Ich habe diese zwei Stunden zu keiner Zeit als lästig empfunden. Der Arzt sprach sehr präzise, aber auch sehr freundlich von dir. Er war wirklich außerordentlich ruhig, überzeugend und bestärkend. Er sagte viele gute Dinge über dich, auch wenn er oft wiederholte: » ...sofern keine Komplikationen auftreten«.

Vielleicht übertreibe ich manchmal, aber allein die Tatsache, dass deine Mutter wieder Mut gefasst zu haben schien, war für mich Grund genug, ihm dankbar zu sein. Vielleicht hätte ich vor dir nicht den Mut gehabt, aber du hast mich daran erinnert, dass Dankbarkeit nicht nur ein Gefühl ist, sondern auch gezeigt werden sollte. Also sagte ich, nachdem die zwei Stunden zu Ende waren: »Darf ich Ihnen etwas sagen, Herr Doktor?«

Er lächelte mich an und meinte: »Selbstverständlich.«

Ich versuchte, meine Gedanken zu ordnen. Ich hätte viel zu sagen gehabt, weil ich ihm klar vermitteln wollte, wofür ich ihm dankte, aber instinktiv wusste ich, dass ich die essentiellen Worte finden musste: »Sie sind für mich das Vorbild des perfekten Arztes, weil Sie die Gabe haben, etwas zu erklären und zugleich Sicherheit zu vermitteln. Sie machen es auf die richtige Weise und zur richtigen Zeit. Es war wirklich eine Freude, Sie kennenzulernen.«

Er war aufgestanden und streckte mir die Hand hin. »Vielen Dank.«

Ich schüttelte ihm die Hand. »Ich danke Ihnen.«

32

Die schlechte Nachricht am Ende dieses langen Gespräches kam von Dr. Mori, quasi im Abgang, als der Neuropsychiater den Raum schon verlassen hatte. Als wollte sie uns das Vergnügen nicht lassen, seine freundlichen, bestärkenden Worte zu genießen. »Noch eine letzte Sache«, begann sie in einem Ton, der erkennen ließ, dass diese eine Sache wichtig sein würde: »Ich muss Sie informieren, dass das Herzkreislaufsystem Ihres Sohnes einige Werte zeigt, die nicht unseren Erwartungen entsprechen. Es besteht die Möglichkeit, wenn auch sehr entfernt, dass wir einen chirurgischen Eingriff vornehmen müssen. Es tut mir leid, aber ich bin verpflichtet, Ihnen das zu sagen. Es ist vielleicht verfrüht, aber Sie müssen es wissen.«

Ich wollte etwas darauf sagen, aber sie bremste mich, als hätte sie keine Zeit mehr für uns. »Warten wir ab«, sagte sie. Dann ging sie. Und so gern ich sie inzwischen auch hatte, mir blieb das »Danke« jetzt im Hals stecken. Sie hatte versucht, professionell und neutral zu bleiben, während sie uns diese Nachricht überbrachte, aber das Lesen von Gesichtern ist mein Beruf, und in ihrem lag jede Menge unterdrückte Sorge. Kein intelligenter Mensch würde etwas ankündigen, das so fernliegt. Wenn es denn wirklich fernliegt. Und Dr. Mori ist bestimmt ein intelligenter Mensch. Vor deiner Mutter habe ich mir nichts anmerken lassen, ganz im Gegenteil: Ich habe diese beiden Worte noch unterstrichen. *Entfernte Möglichkeit.* Aber ich war voller Wut, als ich ging.

»Du bist so ein Schwachkopf!«, habe ich dich angebrüllt. »Ein schwachsinniger kleiner Löwe. Ja, das bist du! Jetzt, wo du endlich funktionierst, wo deine Mutter anfängt, sich an dich zu gewöhnen, machst du solche Sachen. Was fällt dir denn ein! Kannst du uns nicht mal ein bisschen Ruhe gönnen? Wie oft willst du uns noch enttäuschen? Hast du noch nicht genug Probleme? Jetzt legst du auch noch eine Herzoperation obendrauf! Weißt du was? Ich habe die Nase voll. Wenn du unbedingt sterben willst, dann stirb doch! Wir kriegen schon noch einen Besseren als dich!«

Das habe ich gebrüllt. Und es war, als hätte ich mir selbst in die Magengrube geboxt. Es durchzuckte mich wie ein körperlicher Schmerz. Ein Schaudern.

Du musst mir glauben: Als ich das sagte, habe ich nicht nachgedacht. Und jetzt, wo ich hier bei dir bin und dich im Arm halte, möchte ich dich um Verzeihung bitten. Wenn dieser letzte Satz auch nur irgendeine Grundlage hätte oder ein Körnchen Wahrheit besäße, wäre ich jetzt nicht hier, um dir alles zu erzählen. Ich hätte nicht den Mut dazu. Ich habe es gesagt, aber nicht so gemeint. Ich könnte nie einen besseren Sohn haben als dich. Das weiß ich genau.

Siehst du? Jedes Mal, wenn ich dich im Arm halte, mache ich nichts anderes als dich um Verzeihung bitten für all die negativen Gedanken, die mir durch den Kopf schießen, wenn du nicht in meiner Nähe bist. Wenn ich dich nicht in meinen Armen halten kann, vergesse ich leider, wie perfekt du bist. Wie unschuldig. Die beste Seite meiner selbst.

Also, entschuldige. Miss diesem letzten Satz keine Bedeutung zu. Ich habe ihn nur gesagt, weil ich keinen Schlaf finden konnte. Und außerdem – das weißt du noch gar nicht – ist das eine Schwäche von mir: Ich versuche immer, die Bühne mit einem Knalleffekt zu verlassen. Auch wenn die Aussage noch so dumm und falsch ist. Ich kann es einfach nicht lassen.

Die Wahrheit ist, dass die Angst zurückgekehrt ist. Das lässt sich nur schwer erklären. Oder vielleicht ganz einfach: Ich habe jetzt Angst, dich zu verlieren. Und schon fange ich wieder an, dir Vorhaltungen zu machen und mit dir zu streiten. Ich lerne anscheinend nicht dazu: Die Zeit vergeht, aber ich lerne nicht. Du trägst keine Schuld. Nicht du enttäuschst mich, nicht du bereitest mir die Schmerzen. Du leidest genauso wie ich. Unabhängig von dem, was ich sage, weiß ich ganz genau, dass du daran keine Schuld trägst. Die Schmerzen habe ich mir ganz allein zugefügt.

Hör mir einfach nicht zu, wenn ich angespannt bin oder wenn ich nicht bei dir bin. Kümmere du dich einfach nur darum, was für dich wichtig ist: Halte dein Herz am Laufen. Und versuche, deinen Vater zu verstehen. Es ist schwer für mich. Ich habe versprochen, dich nicht im Stich zu lassen. Ich habe versprochen, immer an deiner Seite zu sein und zu kämpfen, solange du kämpfst. Allerdings befinde ich mich nicht in einem Brutkasten, abgeschirmt vom Lärm der Welt. Ich lebe nicht in einem Raum, in dem immer die gleiche warme Temperatur herrscht. Ich lebe in einem Chaos aus Stimmen und Gerüchen, in einem Gemisch aus dauernd wechselnden Emotionen. Dort, wo ich bin, ist nichts steril. Alles ist unrein. Die Wünsche und Stimmungen ändern sich. Dafür reichen schon wenige Worte. Bereits Blicke können die Dinge verändern. Hier im nicht sterilen Leben ist alles viel komplizierter. Daran wirst du dich gewöhnen müssen, denn früher oder später wirst auch du hier leben. Deshalb: Mach keine Dummheiten. Ich warte hier auf dich.

33

Deine Mutter hat mich gegen zwei Uhr nachts angerufen. Das macht sie sonst nie. Normalerweise schläft sie um diese Zeit, nachdem sie dich schlafengelegt hat. Und für eine gute Nachricht war ihre Stimme viel zu verunsichert.

Ich bin sofort zu euch gelaufen. Nein, um ehrlich zu sein, habe ich mich vorher noch übergeben.

Heute durfte sie dich nicht füttern, und auch morgen wird es nicht möglich sein. Sie wissen nicht genau, wann wir wieder damit beginnen können, denn auf einmal verträgst du die Milch nicht mehr.

Sie haben dich wieder in dein Raumschiff gelegt, und für den Moment darfst du dort auch nicht mehr heraus. Wieder trennt uns jetzt dieses verschwommene Glas.

Irgendetwas ist mit dir nicht in Ordnung.

Dr. Mori ist nicht da, und niemand kann mir eine klare Auskunft geben. Meine Angst wird immer größer, unendlich groß. Eine der vielen nutzlosen Krankenschwestern in diesem Krankenhaus sagte mir schlichtweg: »Warten wir's ab.«

Also warten wir.

34

»Ich verstehe es nicht. Ich verstehe es einfach nicht!«, wiederholte ich mich. Aber Dr. Mori versuchte, uns Mut zu machen: »Sie müssen im Moment gar nichts verstehen. Wir können nur warten. Aber ich bin optimistisch. Sehr optimistisch.«

Na gut, aber ich verstehe es wirklich nicht. Was kann ich mir von dem Optimismus kaufen? Ich will dich! Wie ist das nur möglich? Ich habe dich der Außenwelt vorgestellt. Deine Mama hat dich endlich lieb. Und du machst dich aus dem Staub? Warum? Was heißt das, wir dürfen dich nicht sehen? Welchen Sinn hat es, dass sie dich wieder intubiert haben? Es ist dumm, rückwärtszugehen und Dinge zu tun, die man schon einmal gemacht hat. Hast du das alles nicht schon satt? Ich brauche es, dich im Arm zu halten. Du weißt doch, dass die Welt ganz grausam wird, wenn ich dich nicht halte? Ich habe dir das noch nicht gesagt, aber ohne dich ist die Welt nicht nur grausam, sondern auch nutzlos. Dann reicht mir die ganze Welt nicht, sie kann mich nicht mehr froh machen.

Und damit meine ich nicht nur die Welt da draußen, sondern auch meine innere Welt. Auch sie wird nutzlos, wenn du nicht da bist. Auch deine Mutter hat begonnen, sich nach dir zu sehnen, weißt du das? Möchtest du nicht lieber ihre Milch haben als diesen dummen Tropf? Warum tust du uns das ausgerechnet jetzt an? Willst du uns mit einem Schlag für all unsere Zweifel bestrafen? Wenn das so ist, hat es keinen Zweck. Denn es sind keine mehr da.

35

Ich durfte dich nicht sehen. Es geht dir immer noch nicht besser. Deine Lunge macht Schwierigkeiten, und dein Magen kann kaum etwas verdauen. Das alles hat mit dem Herzen zu tun, dem das Schlagen schwerfällt. Mach jetzt keine dummen Scherze, hörst du? Nicht mit deinem Papa. Sie haben mir schon einmal einen Schuss versetzt, ich weiß nicht, ob ich einem zweiten standhalte. Es wäre eine sinnlose Quälerei, eine maßlose Verschwendung. Tu es nicht, lass es nicht so weit kommen, überhaupt daran zu denken. Womöglich sagst du, du brauchst deinen Papa nicht mehr. Vielleicht denkst du auch, du brauchst dieses Leben nicht mehr. Aber jetzt bin ich es, der dich braucht. Und ich will, dass du lebst! Lass mich nicht im Stich!

36

Du bist so schön. Selbst wenn du hinter dem Glas so verschwommen aussiehst. Weißt du, ich habe nachgedacht: Ich verstehe dich. Es ist nur richtig, dass du mich bestrafst, für all die Dinge, die ich am Anfang über dich dachte. Räche dich, es ist dein gutes Recht. Aber treib es nicht zu weit. Es bringt doch nichts. Ich leide jetzt schon genug. Wahrscheinlich mehr als du denkst, mehr als ich ertragen kann. Du musst nicht mehr weitermachen. Leg doch wieder Gewicht zu.

Wenn du mir dein Lächeln entziehst, gibt es in meinem Leben zu viel Unsicherheit. Und zu wenig Sinn. Außerdem kann ich es nicht ertragen, wie im gleichen Atemzug mit deinem Namen Wörter fallen wie VLBW, CPAP, Surfactant, PCR, Opsonine, VES, Hyperkapnie. Ich habe sie mir aufgeschrieben, dieses eine Mal. Ich möchte sie nicht mehr schreiben müssen. Nie mehr. Es fällt mir schwer. Ich halte es nicht mehr aus. Mach schnell.

37

Entschuldige. Es tut mir leid, dass ich dich so hetze. Wenn ich von dir Sachen verlange, die du dir noch nicht zutraust. Du glaubst, dass du die Milch noch nicht verträgst? Na schön. Du glaubst, du kannst noch nicht allein atmen? Kein Problem. Wir haben es nicht eilig. Ich bin ein Idiot. Und kümmere dich nicht um meine Sorgen. Damit muss ich allein klarkommen. Auch um deine Mutter kümmere ich mich. Dr. Mori hat recht, das hier ist kein Wettrennen. Ich bin also da und warte auf dich. Nimm dir alle Zeit, die du brauchst. Selbst wenn es nicht Tage sind, sondern Monate, es macht nichts. Hör nicht auf die anderen. Hör nicht einmal auf mich. Tu das, was du für nötig hältst. Ich werde es verstehen. Wir haben einander Zeit gegeben. Das Warten erschreckt mich nicht. Kein Druck. Keine Ungeduld. Du wirst Jahre brauchen? Dann sollen es eben Jahre sein. Mach dir keine Sorgen: In zehn, fünfzehn oder zwanzig Jahren wirst du mich immer noch hier finden, das Gesicht an deiner Scheibe plattgedrückt. Du musst dich vor nichts fürchten.

Weißt du, was ich jetzt mache? Ich setze mich hin und erzähle dir etwas, okay? Ich hatte ja bereits erwähnt, dass es da vor deiner Geburt gewisse Zeichen gab. Soll ich dir davon erzählen? Ich kann dir ja mittlerweile vertrauen. Ich bin bereit, dir alles zu erzählen, jeden noch so absurden Gedanken von mir. Aber du musst mir wieder zuhören. Musst mich wieder anlächeln. Es ist so sinnlos, dass du dort so reglos liegst, sehnst du dich nicht nach meiner Umarmung?

Die Zeichen? Ach so, ja. Ich erzähle sie dir der Reihe nach, wie sie aufgetreten sind. So, wie du sie erlebt hast. Es darf zwischen dir und mir keine Geheimnisse geben. Punkt.

38

Das erste Zeichen tauchte vier Monate nach deiner Zeugung auf. Wir waren überglücklich, denn wir hatten die Hoffnung auf ein Kind schon aufgegeben. Mehrere Jahre lang hatten wir versucht, dich zu bekommen, und als wir dann die vierzig überschritten hatten, gewöhnten wir uns an die Vorstellung, kinderlos zu bleiben. Wir hatten sogar schon entschieden, in ein kleineres Haus zu ziehen, und ausgerechnet da bist du gekommen, so unerwartet wie eine weiße Taube, die aus dem Hut eines Zauberers flattert.

Auch noch nach vier Monaten konnten wir es kaum glauben.

Wir waren in den Ferien ins Haus deiner Großeltern in Fiuggi gefahren, als mich der erste Zweifel, die erste Unsicherheit überfiel. Und wie vielleicht jeder andere Vater auch, der das Wunder miterlebt, das im Leib seiner Frau heranwächst, fragte ich mich: »Wird auch alles gut gehen?«

Die Antwort darauf habe ich in den Büchern gesucht. Das mache ich oft so. Es ist ein Spiel, das mir dabei hilft, meine Seele zu ergründen, dort wo sich die instinktivsten, unbewusstesten Emotionen verbergen, die normalerweise auch die ehrlichsten sind. Es handelt sich dabei um so etwas wie ein magisches Ritual, mit dem ich vorgebe, die Zukunft vorhersehen zu können. Auf diese Art kann ich dem, was mir meine Intuition sagt, mehr Gewicht verleihen. Auf meiner Seite der Glasscheibe tun das, glaube ich, viele. Jeder versucht, das diffuse Gewirr von überliefertem Wissen, das er in sich trägt, so gut wie möglich zu nutzen. Deine Oma zum Beispiel befragt die

Karten, ich befrage eben die Bücher. Das hängt vielleicht damit zusammen, dass sich der Großteil meines Lebens um Bücher gedreht hat oder vielmehr sich mitten unter ihnen abgespielt hat. Vielleicht auch damit, dass dein Großvater eine Bibliothek mit mehr als tausendfünfhundert Bänden besaß, die er praktisch alle gelesen hatte.

Die Methode ist ganz leicht: Ich gehe zum Bücherregal, stelle meine Frage, wähle blind ein Buch aus, schlage das Inhaltsverzeichnis auf, lasse mit geschlossenen Augen meinen Finger darüberfahren und mache plötzlich halt. Dann öffne ich die Augen und sehe nach, auf welche Seite ich gehen muss. Mit großer Spannung schlage ich die Seite auf und lese beziehungsweise interpretiere den darauf gedruckten Text.

Du weißt ja, wie Wörter sind. So zweideutig und verschwommen, dass es leichtfällt, ihnen die Interpretation angedeihen zu lassen, die man gerne hätte und die am ehesten dem eigenen Gemütszustand entspricht. Aus diesem Grund funktionieren die Bücher für mich so gut: Ich kann dabei meine Fantasie einsetzen.

Unter all den Büchern im Regal war mir diesmal ein Band mit dem Titel *Die besten Science Fiction-Erzählungen 7 herausgegeben von Isaac Asimov* in die Hände gefallen. Die Erzählung, auf der mein Finger stehen geblieben war, hieß *Shrick der Riesentöter* von A. Bertram Chandler. Du musst mir nicht glauben. Aber das ist jetzt wirklich keine Fiktion, keine Art, deine Geburt zu verklären. Jedes Mal, wenn ich daran denke, läuft es mir immer noch kalt über den Rücken, denn dies war das erste Zeichen, das mir das Leben geschickt hat. In der Hoffnung, etwas zu finden, das meine Ängste zerstreuen würde, begann ich zu lesen.

Die Geschichte begann so:

Shrick hätte sterben sollen, noch bevor seine Kinderaugen diese Welt erblickten. Er wäre auch gestorben, wenn seine Mutter Weena nicht entschieden hätte, dass er als einziger von all ihren Söhnen leben sollte. Aus ihrer Verbindung mit Skreer waren schon drei andere Kinder hervorgegangen, die der alte, graue Sterret, der Richter der Neugeborenen, allesamt als »Andere« verurteilt hatte.

Augenblicklich klappte ich das Buch zu und verspürte ein Schaudern unter der Haut. Aber die Worte bekam ich nicht mehr aus dem Kopf. Zum Glück gibt es in meinem Spiel ein Hintertürchen, einen Weg, die Antwort zu neutralisieren. Dazu reicht es, das Buch mit dem Deckel nach unten auf den Schreibtisch zu legen, sodass man den Titel nicht sehen kann. Wenn es die ganze Nacht über niemand berührt, verliert alles, was das Buch angekündigt hat, seine Wirkung. Wenn die Antwort mir also nicht gefällt, wenn ich das, was ich gelesen habe, nicht wahrhaben will, lege ich das Buch auf den Schreibtisch und warte. Ich erhoffe mir Hilfe vom Leben. Aber: Wenn ich das gemacht habe, darf ich das Buch nicht mehr berühren oder mit irgendjemandem darüber sprechen. Das ist natürlich schräg, aber ich glaube nun mal daran, wenn ich die Bücher um Rat frage. Danach trat ich auf den Balkon, um mich mit der Realität zu konfrontieren. Ich versuchte, Licht in das Dunkel zu bringen, das sich in meinem Inneren ausbreitete.

Das Häuschen in Fiuggi liegt mitten auf einem gemütlichen, naturbelassenen Grundstück, wo deine Mutter gerade im Schatten einer großen Pinie saß und mit hochgelagerten Beinen an irgendeinem Getränk schlürfte. Auf ihrem Bäuchlein – das niemals zu einem richtigen Bauch heranwuchs – lag eine leichte Decke. Vom Balkon aus winkte ich ihr kurz zu. Sie winkte zurück, lächelte aber nicht, ganz so, als hätte sie in meinem Gesicht die Furcht wegen dieses Zeichens gelesen. Eine halbe Stunde später kam sie ins Haus, weil sie Hunger hatte. Zuerst ging sie ins Bad, und als Nächstes zerstörte sie alle meine Hoffnungen: Sie nahm das Buch vom Schreibtisch und stellte es mit einer einfachen Handbewegung wieder an den leeren Platz im Regal zurück.

War es das Leben selbst, das gesprochen hatte? Deine Mutter stellt keine Bücher zurück. Das macht sie sonst nie! Sie drehte sich zu mir um – ich war bestimmt ganz blass geworden –, blickte mir fest in die Augen und fragte überrascht: »Ist alles in Ordnung mit dir?«

»Klar. Alles bestens«, antwortete ich.

Was hätte ich sonst sagen sollen? Dass sie eben ihren Sohn in die Verdammnis gestürzt hatte? Aber da kannst du sehen, wie gewissenhaft das Leben gewesen ist, indem es mir von Anfang an von dir erzählt hat.

39

Das Leben ist also gewissenhaft gewesen, aber logischerweise wollte ich ihm weder Glauben schenken noch die restlichen Monate des Wartens mit einem bösen Omen verbringen. Daher nutzte ich die erste Gelegenheit, die sich mir bot: Das Schicksal kann sich im Laufe der Zeit auch verändern, und ein böses Omen kann durch die Stimme einer stärkeren Kraft aufgehoben werden. Das sagte ich mir immer wieder. Und dass es dumm sei, die Zukunft aus Büchern lesen zu wollen.

Sobald ich das nächste Mal bei meiner Mutter – deiner anderen Oma – zum Mittagessen war, sagte ich zu ihr: »Legen wir doch mal die Karten für Francesco.« Da sie aber eine weise Frau ist, antwortete sie: »Nicht doch. Die Karten legen wir ihm, wenn er mich selbst danach fragen kann. Kindern legt man keine Karten, schon gar nicht, bevor sie geboren sind!«

»Jetzt komm schon. Du glaubst doch wohl nicht wirklich an diese Albernheiten?«

Sie sah mich belustigt an: »Wieso? Du denn etwa?«

»Natürlich nicht, deswegen kannst du es ja auch ruhig machen.«

Ich wusste, dass sie mir den Gefallen tun würde. Sie schüttelte lachend den Kopf. Sie ist zwar diejenige, die die Karten legt, aber nicht einmal sie glaubt wirklich daran. Und doch kannst du dir nicht vorstellen, wie oft die Karten die Dinge genauso beschrieben, wie sie dann eintraten. Schließlich legte sie den Satz Karten auf den Tisch und ließ mich siebenmal abheben. Immer mit der linken Hand.

»Such dir drei aus.«

Als ich die erste aufdeckte, war selbst sie überrascht: Das Kind. Du.

Die zweite Karte war die Hohepriesterin.

Die dritte der Tod.

Ohne nachzudenken, sagte meine Mutter: »Bist du sicher, dass sie schwanger ist?«

»Aber Mama, sie ist im fünften Monat.«

Sie schob die Karten wieder zu einem Stapel zusammen. »Das ist doch alles Blödsinn. Lass uns den Tisch decken.«

Ich hielt ihre Hand fest. »Warum? Was liest du darin?«, drängte ich. Ich holte die drei Tarotkarten wieder aus dem Stapel und ordnete sie so an, wie ich sie gezogen hatte.

Meine Mutter berührte die Karten noch einmal mit den Fingern, bevor sie sprach, als wollte sie sich noch etwas Zeit zum Nachdenken verschaffen.

»Du machst dir große Sorgen, nicht wahr? Da ist etwas, was dich erschreckt. Hast du Angst, es könnte Schwierigkeiten geben?«

Ich nickte. Und sie, als hätte man ihr eine Riesenlast abgenommen, rief zufrieden aus: »Siehst du, die Karten lesen deine Sorge, das ist es. Nicht das, was geschehen wird.«

Ich wollte ihr nicht antworten, dass ich dachte, etwas in mir könnte vorhersehen, was passieren würde. Ich wollte ihr nichts von dem ersten Zeichen erzählen.

»Na schön, aber du hast mir immer noch nicht gesagt, was du darin liest.«

Sie sah mir in die Augen und sagte mir mit einem Lächeln das, was ihr in diesem Moment am besten erschien. Nicht das, was sie wirklich sah.

»Weißt du, was ich sehe? Ich sehe die Geburt eines schönen Kindes und den Tod aller bösen Dinge. Das sehe ich. Und jetzt lass uns den Tisch decken! Ich habe Hunger.«

Ich lachte mit ihr, versuchte aber, sie nicht vom Thema abschweifen zu lassen. »Aber bei uns gibt es doch gar keine bösen Dinge, die sterben müssten, Mama …«

Sie war jedoch schneller und schlagfertiger als ich: »Böse Dinge gibt es bei allen, und wenn es bei euch keine gibt, bedeutet das nur, dass sie schon gestorben sind.«

Sie packte die Tarotkarten eilig in die Schublade zurück und legte stattdessen Tischtuch und Servietten auf den Tisch. Dann trug sie die Spaghetti bolognese auf. Eines Tages wirst du die Spaghetti deiner Großmutter probieren, und dir wird augenblicklich einleuchten, warum ich für einige Stunden sogar aufhören konnte, mich wegen des zweiten Omens zu sorgen. Aber auch die Wirkung der besten Pasta der Welt kann nicht ewig anhalten. Sobald ich wieder zu Hause angekommen war, setzte ich mich deshalb vors Internet und recherchierte die Bedeutung der Karten:

Das Kind: »Eintreffen einer unerwarteten Nachricht, eine Neuigkeit, Zuneigung. Möglicherweise eine Geburt.« Du.

Die Hohepriesterin (verkehrt): »Mögliche Fehlgeburt, Verschlechterung des Gesundheitszustandes, Traurigkeit. Schwangere Frau.« Deine Mutter.

Der Tod: »Veränderung. Trauer, Verlust oder Wiedergeburt. Oft eine Veränderung oder Wiedergeburt infolge eines Trauerfalles.« Ich?

Siehst du? Das zweite Zeichen war kein bisschen weniger stark als das erste. Und die Karten deiner Großmutter haben sich nur selten geirrt. Aber es gab noch ein drittes Zeichen, das verrückteste von allen, und es kam sogar aus Portugal. Ein Zeichen, das sich aus mehreren Zeichen zusammensetzte.

Eine Schwester gibt mir Zeichen, dass es Zeit ist zu gehen. Ich erzähle dir von Dingen, die ich noch nie irgendjemandem erzählt habe, weil ich es nie wagte. Aber diese Dinge helfen mir, eine Welt zu begreifen, die vor deiner Geburt nicht die meine war oder die ich nur zum Spaß aufsuchte. Meine Deutung der

Dinge wird dir vielleicht verrückt erscheinen, aber glaub mir, für mich war sie von Anfang an die ehrlichste. Die authentischste. Ich habe sie unter Verschluss gehalten, so wie ich jeden Aspekt des Lebens, den ich nicht verstehen oder kontrollieren kann, für mich behalte. Weil er der Teil des Lebens ist, der mich am meisten erschreckt. Der dunkle Teil.

Aber du hast mich gelehrt, und du tust es immer noch, dass dieser Teil oft der realste ist.

40

Du schläfst immer noch. Du schließt dich in deine Gedanken ein. In deine Welt. Über welchen Ozean segelst du gerade? Welche Ungeheuer musst du bekämpfen, kleiner Argonaut? Du lächelst nicht, und du bewegst dich nicht. Was stimmt nicht mit dir?

Wenn ich mich dafür entscheide, den Zeichen bis zum Schluss zu glauben, macht mich das froh. Das dritte und letzte Zeichen sieht nämlich nicht vor, dass du gehst, noch nicht so schnell. Möchtest du wissen, wann du mich das erste Mal so richtig erschreckt hast? Es geschah am Anfang des sechsten Monats, als die beiden ersten unheilvollen Zeichen sich bereits tief in mein Herz eingegraben hatten.

Es war ein Morgen wie jeder andere. Ich hatte wie immer kurz und schlecht geschlafen. Wenn du deine Mutter mitten in der Nacht wecktest, wachte ich immer mit ihr auf, massierte ihr den Bauch und flüsterte dir etwas Nettes zu. Üblicherweise musste ich dann um sechs aufstehen, um zur Arbeit zu fahren. Dieser Morgen war jedoch ein Samstag, und ausnahmsweise konnte ich einmal länger schlafen als ihr beide. Einen Augenblick lang hoffte ich sogar, deine Mutter könnte die Lust und Energie aufbringen, mir einen Kaffee zu kochen. Stattdessen hörte ich aus dem Bad einen erstickten, markerschütternden Schrei, ich sprang aus dem Bett und rannte ins Bad. Deine Mutter starrte mich wie versteinert an, und ich stand da und verstand nicht, bis ich sah, dass das Bidet voll hellrotem Blut war.

Wieder begann sie zu schreien. Ich drückte sie an mich und

sagte immer wieder: »Bleib ruhig, es ist nichts, du wirst sehen, es ist nichts.« Und während ich das sagte, versuchte ich noch, mich selber davon zu überzeugen. Wir riefen Marina an, die Hebamme, die unsere Schwangerschaft begleitete. Sie sagte, wir sollten zu ihr in die Notaufnahme des Klinikums kommen, wo sie gerade Dienst hatte. Das Blut konnte auf ganz viele verschiedene Dinge hindeuten, daher konnte sie am Telefon nichts dazu sagen.

»Bewahrt Ruhe und kommt hierher«, wiederholte sie.

Das taten wir dann auch. Unterwegs versuchte ich, deine Mutter, so gut es ging, zu beruhigen, aber ich erzählte ihr nichts von den Vorzeichen und von jenem Satz, der sich ab dem Augenblick, in dem ich ihn gelesen hatte, in meinen Kopf gebrannt hatte: »Shrick sollte sterben, noch bevor seine Kinderaugen das Licht dieser Welt erblickten.« Denn was auch immer es bedeutete, Blut war nie ein gutes Zeichen. Ich beeilte mich, so gut es ging, damit wir bald ankämen, auch wenn ich im Geheimen hoffte, niemals anzukommen, weil ich mich vor dem fürchtete, was man uns in der Notaufnahme sagen würde. Ich wollte es nicht hören. In der Zwischenzeit betete ich, dass das Leben dich verschonen und dein und mein Schicksal ändern möge. Ich rief sogar den Menschen an, den ich als Taufpaten für dich ausgesucht hatte; den Menschen, der von allen, die ich kenne, Gott am nächsten steht. Und ich habe ihn gebeten, für dich zu beten.

Die ersten beiden Zeichen ließen keinen Zweifel zu. Das dritte war noch nicht gekommen.

In der Notaufnahme wurdet ihr gleich aufgerufen und wart fast vierzig Minuten hinter einer weißen Tür verschwunden. Vor uns hatten bereits drei Frauen gewartet, darunter ein junges Mädchen, das ich auf nicht mehr als sechzehn Jahre schätzte. Tatsächlich war sie einundzwanzig. Draußen stand rauchend ein Mann, der wohl ihr Partner war.

»Warum ist sie zuerst drangekommen?«, fragte sie mich.

Ich blickte sie kurz verblüfft an. »Wer?«, fragte ich.

»Deine Frau. Was hat sie?«

»Sie verliert Blut.«

Sie lachte. »Ach, dann ist es nichts. Das ist schon mein Drittes«, sagte sie während sie sich auf den Bauch fasste. »Ich habe jedes Mal Ströme von Blut verloren. Das ist ganz normal. Ich hatte gehofft, es zu verlieren, aber das passiert nie. Am Ende kommen sie immer auf die Welt.« Sie muss gesehen haben, wie sich mein Gesichtsausdruck veränderte, deshalb fügte sie hinzu: »Willst du es denn? Ich meine, dass es geboren wird?«

Deine Mutter und ich wollten dich nicht nur, wir wünschten dich uns mehr als alles andere auf der Welt und konnten kaum glauben, dass du tatsächlich kommen solltest. Ich war dreiundvierzig Jahre alt, deine Mutter fast vierzig. Für uns war alles anders. Also entgegnete ich ihr trocken: »Natürlich wollen wir es, mehr als alles andere. Jedes Kind hat das Recht, geliebt zu werden. Und gewollt.«

Sie sah weg, als hätte ich etwas Gemeines gesagt. Vielleicht hatte ich das auch. Ich war viel zu sehr mit dir beschäftigt, als dass ich mich um sie kümmern konnte, um ein Mädchen, das viel zu jung war. Diese junge Frau war schon viel zu oft Mutter geworden und trug vielleicht ein Kind in sich, das genauso in Gefahr war wie du. Wieder blickte sie mich mit ihren grün gesprenkelten Augen an, als wollte sie mir noch etwas sagen, aber da ging die weiße Tür auf, und Marina kam zum Vorschein.

»Komm rein«, rief sie mich mit ihrer freundlichen Stimme. Deine Mutter lag ausgestreckt auf einer Untersuchungsliege, die mit einem Papiertuch bedeckt war, und trug eine Art weißen Morgenrock.

»Ich habe eine gute und eine weniger gute Nachricht«, sagte Marina und fuhr dabei mit der Reinigung der Ultraschallsonde fort.

Fast gleichzeitig hielten wir uns die Hand vor die Augen.

»Dem Kind geht es gut. Die Ursache des Blutverlustes ist ein Polyp. Das heißt, die Schwangerschaft verläuft regulär weiter. Es ist alles in Ordnung.«

An diesem Punkt hätte sie uns jede beliebige schlechte Nachricht überbringen können, denn in unseren Köpfen hallte nur dieser erste Satz wider: *Dem Kind geht es gut.* Es ging dir gut, du warst nicht fortgegangen. Du warst stärker als jedes schlechte Omen. Die Gebete deines Taufpaten wurden erhört. Du warst noch immer bei uns. Was auch immer die schlechte Nachricht sein mochte, sie konnte unserer Freude nichts anhaben. Du warst da! Das war das großartigste Gefühl der Welt. Denn in jener halben Stunde im Auto hatten wir beide, ohne es auszusprechen, an nichts anderes gedacht, als dass wir dich verloren hätten. Du schienst uns wie eine Illusion, die gerade einmal sechs Monate angedauert hatte. Nicht einmal sechs Monate, sondern dreiundzwanzig Wochen und zwei Tage, um genau zu sein. Du warst unser kleiner Lazarus, der gestorben und wiederauferstanden war. Als allererster Impuls überkam mich der Gedanke, hinauszugehen und das kleine Mutter-Mädchen zu drücken und zu küssen, damit es mein ganzes Glück begreifen konnte. Das Blut hatte nichts zu bedeuten: Du warst noch da.

»Und die weniger gute Nachricht?«, fragte ich schließlich.

Marina lächelte. »Wir werden die Mutter für einige Wochen hierbehalten.«

Wir tauschten einen Blick aus.

»Warum?«, fragten wir wie aus einem Mund im gleichen Ton.

»Das Problem ist, dass die Kontraktionen sehr stark sind. Das Baby drückt – auch aus diesem Grund blutet der Polyp.«

Verunsichert sahen wir sie weiter an.

»Was heißt das?«

»Das Baby hat es eilig.«

»Aber ist es nicht noch zu früh?«, fragte deine Mutter, die nach wie vor erschrocken war.

»Viel zu früh. Sechsundzwanzig oder siebenundzwanzig Wochen wären akzeptabel, aber dreiundzwanzig sind das absolute Limit, damit ein Baby Überlebenschancen hat. Und daher tun wir alles, damit es nicht auf die Welt kommt. Noch nicht.«

Mir kam das alles absurd vor: Du durftest noch nicht auf die Welt kommen, warst aber schon in Lebensgefahr.

»Das Team hier ist ausgezeichnet«, bestärkte uns Marina optimistisch. »Sie wissen genau, was zu tun ist. Ich habe schon viele Frühchen gesehen, die mit achtundzwanzig Wochen geboren wurden und ohne Probleme herangewachsen sind. In deinem Fall handelt es sich lediglich um vorgeburtliche Anzeichen. Es heißt nicht, dass der Fall tatsächlich eintreten muss.«

Im Grunde war die Sache, abgesehen von dem Polypen, ziemlich klar: Du wolltest weit vor deinem errechneten Geburtstermin auf die Welt kommen. Marina ließ uns wissen, dass deine Mutter natürlich auch zu Hause das Bett hüten konnte, aber im Krankenhaus konnte man sie eben überwachen und schnell eingreifen, falls irgendetwas passieren sollte. So blieb sie da, und es war meine Aufgabe, mit den Ärzten zu sprechen.

Gegenüber Ärzten hege ich seit jeher ein gewisses Misstrauen. Unter anderem kann man ihnen nicht so einfach von bösen Omen erzählen, sie sind weder der Magie der Bücher noch der der Tarotkarten wohlgesinnt. Und dann war auch dein Großvater nach einer »banalen« Leisten-OP an einer Sepsis gestorben. Ärzten zu vertrauen, bereitete mir also große Schwierigkeiten. Aber in dieser Situation blieb mir keine Wahl. Du wolltest nach dreiundzwanzig Wochen auf die Welt kommen, und jemand musste dich davon abhalten.

Der Arzt, der sich um dich und deine Mutter kümmerte, war ein Mann mit einem runden Gesicht, der mir bei unserem Gespräch dauernd in die Augen sah. Nicht, dass mir das unangenehm gewesen wäre, es zeigte lediglich seine Aufmerksamkeit. Er war von Anfang an entgegenkommend und nett, während ich mich abweisend und geringschätzig verhielt. Ich wusste von meinen Ängsten und dass ich nicht in der Lage war, sie zu kontrollieren. Du musstest erst noch geboren werden, und in gewisser Weise auch ich selbst.

Mit der Arroganz und gespielten Selbstsicherheit, die ich immer an den Tag legte, wenn ich schwierige Situationen meistern musste, sagte ich also gleich am Anfang etwas ziemlich Dummes: »Ach, was macht das schon, wenn er früher auf die Welt kommen will, dann soll er das eben tun, nicht wahr? Ihr steckt ihn in den Inkubator, er wächst weiter, und wenn er dann so weit ist, gebt ihr ihn uns. Wo ist das Problem?«

Ich tat, als ob die Schuld bei ihm läge, als spräche ich mit einem unfähigen Arzt, dem ich erklären muss, was er zu tun hat, und für den ich die passenden Lösungen finden müsste. Doch er erklärte mir mit wesentlich mehr Geduld, als es von einem Arzt in seiner Position zu erwarten gewesen wäre, was tatsächlich los war: Du wolltest schon raus, warst aber noch viel zu klein. Deine Lungen waren noch nicht voll entwickelt, du hattest noch nicht genug Fett, um deine Körpertemperatur zu halten. Wir mussten Zeit gewinnen. Mit jeder Woche, jedem Tag Verzögerung stiegen deine Überlebenschancen und die Wahrscheinlichkeit, dass keine bleibenden Schäden entstehen würden. Und je mehr er mit mir über die Fakten, die Möglichkeiten und Unsicherheitsfaktoren sprach, desto professioneller und fachkundiger schien er mir. Er war ein kompetenter Mann. Bisher hatten sich meinen Respekt immer nur Männer verdient, die entschlossen und tatkräftig waren. Aber bei diesem ruhigen und hingebungsvollen Mann fand ich die nötige Sicherheit. Schon warst du also ganz unbemerkt dabei, mich zu verändern. Zum Schluss sagte er mir, dass er deiner Mutter Corticosteroide gegeben habe, um die Reifung deiner Lungen anzuregen, sodass du zumindest leichter atmen könntest, wenn die Wirkung der Medikamente zu schwach wäre und du dennoch auf die Welt kämst. »Einerseits sichern wir uns ab, und gleichzeitig gewinnen wir wertvolle Zeit.«

Er gab mir den Eindruck, überhaupt nichts vorhersehen zu können, aber er war stets optimistisch. Vielleicht, weil es sich nicht um seinen Sohn und um seine Frau handelte, oder weil er schon seit Jahren mit solchen Fällen zu tun hatte. Aber er gefiel mir, weil er bei seiner Arbeit ehrlich war, was bei mir eher selten vorkam. Er war der Erste, der mir klarmachte, dass Unsicherheit nicht gleich eine Katastrophe bedeutet und dass man außerordentlich professionell bleiben kann, obwohl man seine Ängste zeigt. Er zeigte mir, wie wenig ich bisher von modernen Technologien, Wissenschaft und Medizin verstanden hatte. Die zwei Wochen, die ihr beide in »seinem« Krankenhaus verbrachtet, waren ausreichend, um meinen Blick auf die Vorgänge des Lebens zu verändern.

Nicht alles ist immer das Ergebnis von genauer Planung, und selbst eine perfekte Planung ist kein Garant für ein perfektes Leben. Das Leben ist kein einfaches Projekt. Auch kein sehr komplexes, aber doch eines, das niemals beendet ist. Man darf nicht erwarten, dass es Pläne und Fristen einhält. Das Leben ist das Leben voll von Ungewissheit. Es entwickelt sich spontan und intuitiv. Und so legte er mir jedes Mal, wenn ich fragte: »Doktor, wie denken Sie darüber?«, die Hand auf die Schulter und antwortete: »Ganz ehrlich, ich denke gar nichts. In dieser Situation Vorhersagen zu treffen ist schwierig und müßig. Ich beobachte und handle dann entsprechend. Oft gehen Situationen wie diese gut aus, manchmal aber auch nicht, und niemand kann sagen, warum. Was jetzt zählt, ist, dass jeder hier sein Bestes gibt. Wir tragen unseren Teil dazu bei. Ihre Aufgabe ist es jetzt, Ihrer Frau Zuversicht zu geben. Tragen Sie einfach Ihren Teil bei.«

Ich gab mich geschlagen und tat, seltsam beruhigt, was er mir aufgetragen hatte: Ich kümmerte mich um deine Mutter.

An manchen Tagen ließen die Kontraktionen nach, an anderen wurden sie wieder stärker, und niemand wusste, warum. Alles, was wir tun konnten, war, deinen unbändigen Wunsch, auf die Welt zu kommen, zu mäßigen. Am Ende konnten wir dich aber davon überzeugen, dass es besser wäre, noch etwas zu warten. Erkennst du es rückblickend auch? Von Anfang an ging es bei unserer Beziehung ums Warten. Na schön, jetzt bin ich dran. Und ich kann warten.

41

Ja, ich bin noch immer hier! Ich sehe dich gerne an. Und nein, ich habe es nicht vergessen, ich muss dir noch von dem dritten Omen erzählen.

Das dritte Omen ereignete sich in der neunundzwanzigsten Woche, kurz vor deiner Geburt. Deine Mutter war mit starken Bauchschmerzen aufgewacht: Du hattest wieder begonnen, dich auf eine Weise bemerkbar zu machen, die uns überhaupt nicht gefiel. Mittlerweile wusste sie schon: Es waren Wehen, heftig und in zu kurzen Abständen. Wir riefen Marina an, die uns empfahl, Maurizios Rat einzuholen. Aber es war Sonntag – du warst es gewohnt, die Feiertage zu bestimmen –, und Maurizio war nicht zu erreichen, auch über das Handy nicht. Also telefonierten wir mit dem Arzt der Klinik, der deine Mutter betreut hatte. Er verordnete uns ein Medikament und riet uns, gegebenenfalls ins Krankenhaus zu kommen.

Ich zog mich hastig an, eilte zur nächstgelegenen offenen Apotheke und schilderte die Lage. Sie gaben mir alles Notwendige, doch fehlte etwas Entscheidendes: jemand, der eine Injektion geben konnte. Ich fragte den Apotheker um Rat, doch der schüttelte den Kopf, Sonntag war schwierig. Und da offenbarte sich das dritte Omen.

Es war eine winzige Frau um die fünfzig mit zerzaustem schwarzem Haar und einem breiten, flachen Gesicht. Ich hatte sie beim Betreten der Apotheke erst überhaupt nicht bemerkt – sie stand hinter Regalen der Kosmetikabteilung.

»*Senhor, se eu quero fazer a injeção*«, sagte sie, felsenfest überzeugt, dass ich sie verstehen würde. Und keine Ahnung, warum, aber ich konnte sie tatsächlich verstehen: *Signore, ich kann die Injektion geben.*

»Sie können das? Sind Sie sicher?«, fragte ich skeptisch nach.

»*Eu sou uma enfermeira, em Lisboa. Não se preocupe.*«

Ich bin Krankenschwester, in Lissabon. Machen Sie sich keine Sorgen.

Ich starrte sie einfach nur an. Das alles war ziemlich unwirklich, aber du wolltest heraus, und an diesem Sonntag gab es anscheinend keine andere praktikable Lösung.

»Können Sie jetzt gleich mitkommen? Es ist ganz in der Nähe«, fragte ich sie.

»*Claro uma vez. Por 30 euros. Okay?*«

Ich nickte, und wir stiegen ins Auto. Während der gesamten Fahrt sprachen wir kein einziges Wort, lächelten uns nur hin und wieder unverbindlich zu. Kurz vor dem Aussteigen wollte sie plötzlich wissen: »*Um menino ou uma menina?*«

Ich sah sie fragend an, während ich anhielt.

»Wie bitte?«

Erst nachdem sie ausgestiegen war, wiederholte sie: »*O bebê é macho ou fêmea?*«

Ich lächelte. »*Macho. Mas macho*«.

Sie lächelte zurück.

Es war fast peinlich, sie deiner Mutter vorzustellen und sie zu beruhigen. Aber als ich sah, wie die Frau die Ampulle öffnete und die Spritze aufzog, gewann ich meine Sicherheit zurück: Ihre Bewegungen zeugten von Vertrautheit, Schnelligkeit und Leichtigkeit. Sie hatte nicht gelogen. Nachdem sie die Injektion gesetzt hatte, bot ich ihr ein Glas Orangensaft an, das sie dankend annahm. Während sie trank, trat sie zu deiner Mutter und fragte: »*Permite que você?*«. Deine Mutter nickte, ohne – wie ich glaube – richtig verstanden zu haben. Da begann sie, ihr den Bauch zu streicheln, in dem du lagst. Sie tat das mit federleichten Berührungen, als wäre ihre Hand eine Art Ultraschallsonde. Es glich eher einer langsamen und ausdauernden Massage als einer Zärtlichkeit. Schließlich sah sie deine Mutter fest mit ihren kleinen dunklen Augen an und küsste sie auf die Stirn. »*Abençoado*«, sagte sie – gesegnet seid ihr – und bekreuzigte sich dreimal. Ich lächelte ihr zu, bedankte mich und begleitete sie hastig zur Tür, denn ich war mir sicher, dass deiner Mutter nicht mehr der Sinn nach weiteren Merkwürdigkeiten stand. Als ich ihr zum Abschied das Geld geben wollte, wies sie es zurück. »*Ele não faz nada. Faz nada.*« Das kostet nichts. Ich bestand darauf, aber sie schüttelte den Kopf. Dann zog sie mich zur Tür hinaus. »*O bebê vai ser uma criança especial. Ela está preparada?*«

In diesem Moment war ich zu sehr mit den Gedanken woanders, bei dringlicheren Dingen, um diese Worte mit den ersten beiden Omen in Verbindung zu bringen. Und so begriff ich nichts. »Wie bitte?«

Ungemein sanft sah sie mich an: »*O que eu disse.*« Immer noch schüttelte ich unsicher den Kopf. Und dann – auch wenn ich nicht schwören möchte, dass es tatsächlich passiert ist – habe ich sie exakt folgende Worte sagen hören: »Wie ich es gesagt habe: Ihr Baby ist ein ganz besonderes Kind. Sind Sie darauf vorbereitet?«

Sie sagte es in perfektem, akzentfreien Italienisch. Ich war so perplex, dass ich keine Antwort gab. »*Abençoado*«, wiederholte sie, küsste auch mich auf die Stirn und bekreuzigte sich nochmals. Dann verschwand sie so schnell die Treppe hinunter, dass ich nicht schwören könnte, ob sie diese Worte wirklich auf Italienisch gesagt hat oder ob ich mir alles nur eingebildet habe. Aber sie haben mir über Wochen das Blut in den Adern gefrieren lassen. Genau in den Wochen kurz vor deiner Geburt.

Auch das habe ich deiner Mama niemals erzählt. Wie auch? Nach der ersten Verblüffung war es nicht schwer, dieses Ereignis mit den anderen Zeichen in Verbindung zu bringen.

Die Injektion konnte den Lauf der Dinge nicht aufhalten. Du hattest keine Lust mehr zu warten. Irgendwann waren wir dann wieder in der Notaufnahme. Und was danach passiert ist, weißt du ja schon.

Tja, viel mehr gibt es nicht zu erzählen. Ich habe keine Geheimnisse mehr. Jetzt verstehst du vielleicht, warum ich am Tag deiner Geburt die schlechten Gedanken nicht allesamt so einfach vertreiben konnte, nicht wahr? Vor allem aber kannst du jetzt, wo es keine Geheimnisse mehr zwischen uns gibt, endlich aufwachen. Meinst du nicht auch? Wach auf! Heute geht es mir so wie dir: Ich bin es leid zu warten. Komm schon, lass dich wieder von deinem Papa in den Arm nehmen.

42

Ich erzähle wirres Zeug? Von Vorahnungen, die ich vor deiner Geburt hatte, von Worten, die ich gehört habe, obwohl sie vielleicht niemals ausgesprochen wurden. Welchen Sinn das ergibt? Willst du die Wahrheit wissen? Keinen! Ich kann es nur einfach kaum mehr ertragen, dich nur hinter Glas zu sehen. Ich will dich wieder in die Arme schließen. Ich will dich wieder neben mir zum Einschlafen bringen. Ich brauche das so dringend wie die Luft zum Atmen. Los, mach schon, wir haben uns Zeit gelassen, aber ich kann nicht mehr. Ich kann nicht mehr, auch wenn mir alle sagen, dass du anfängst zu reagieren, dass sich dein Zustand von Stunde zu Stunde bessert. Glaub mir, ich halte das nicht mehr aus. Obwohl sie mir sagen, dass es keinen Grund mehr zur Sorge gibt, habe ich Angst. Ich verstehe nicht, warum es mir jetzt, wo du endlich richtig atmest, die Luft abschnürt. Ich bin es, der nach Atem ringt. Ich muss dich berühren, muss sehen, dass du mich anschaust, auch wenn ich weiß, dass du mich nicht fixieren kannst. Ich ertrage diese Glasscheibe nicht mehr. Dieses Glas strahlt zu viel Kälte aus, und ich brauche dein Licht, deinen Körper, deine Wärme. Worte allein, musst du wissen, reichen mir nicht mehr.

43

Heute will ich dir etwas anvertrauen: Bevor ich zu dir hochgekommen bin, habe ich mir ins Gedächtnis zu rufen versucht, was mit uns – den »normalen Menschen« – geschieht, wenn wir jemanden wie dich treffen. Es war nicht leicht. Ich konnte mich nicht erinnern. Es ist, als hätte das Leben alles darangesetzt, mich von solchen wie dir fernzuhalten. »Kann es denn sein, dass das Leben tatsächlich so umsichtig ist?«, habe ich mich gefragt.

Und ich habe zu zweifeln begonnen. Vielleicht könnte auch das Gegenteil der Fall sein: Möglicherweise war ich besonders aufmerksam und gut darin, Menschen wie dir aus dem Weg zu gehen. Möglicherweise habe ich mich jedes Mal, wenn ich jemanden wie dich traf, geschickt aus dem Staub gemacht. Vielleicht habe ich einfach nur automatisch alles gemieden, das auch nur von Weitem nach Missbildung roch. Ohne mir Fragen zu stellen, ohne darüber nachzudenken, wie hilfreich oder gerecht das sein mochte.

Und diese zweite mögliche Wahrheit hat irgendwie ein mulmiges Gefühl hinterlassen. Siehst du? Jedes Mal zwingst du mich dazu, eine neue Hürde zu nehmen. Jedes Mal schaffst du es, mich in Verlegenheit zu bringen. Du untergräbst die Grundfesten meines Selbstwertgefühls. Aber ich habe nicht gekniffen. Ich habe mich diesem mulmigen Gefühl gestellt und darüber nachgedacht. Dabei bin ich zu dem Schluss gekommen, dass ich unter Umständen bis heute gar nicht der »tolle« Vierzigjährige war, für den ich mich immer gehalten habe. Intelligent? Ja. Fröhlich? Ja. Scharfsinnig? Ja. Vor allem aber oberflächlich, fast möchte ich sagen, trivial. Belanglos. Und ich habe mich gefragt: Warum? Warum bin ich so oberflächlich geblieben?

Und siehe da, kaum habe ich einen Blick in die Tiefe gewagt, bin ich auf so etwas wie eine Antwort gestoßen. Sie hat mir zwar nicht behagt, aber da war sie: wahrhaftig, so wahrhaftig, wie du es bist. Ich hatte sie versteckt, wollte nicht, dass sie sich zeigte, dass sie ans Tageslicht kam. Doch jetzt, wo es dich gibt, kann ich es nicht mehr verhindern. Jetzt kommt alles an den Tag. Und das ist schmerzhaft, denn die Antwort lautete: »Was auch immer ich unterlassen habe, habe ich aus Angst unterlassen.«

Doch es war etwas anderes, das mich schmerzte: Die Antwort barg einen noch viel erschreckenderen Aspekt. Ich entdeckte einen Mann, der Zeit seines Lebens Angst hatte, sie immer noch hat und stets davon beherrscht wurde. Und im Zuge dieser Gedanken erwachte auch die eine oder andere Erinnerung.

In Wahrheit bin ich sehr wohl immer wieder Menschen wie dir begegnet, und jedes Mal standen mir Bestürzung und Verlegenheit ins Gesicht geschrieben. Wenn ich ein missgestaltetes Gesicht sah, einen leeren Blick, einen verkrüppelten Jungen oder ein Mädchen im Rollstuhl, zur völligen Unselbstständigkeit verdammt, über und über mit Spucke vollgesabbert, die sie nicht einmal selber abwischen konnten, dann sperrte sich etwas in mir. Ich war wie versteinert. Meine Selbstsicherheit bekam einen Riss. Ich spürte, wie aus einem dunklen Ort meines Herzens eine Art Verachtung aufstieg. So, wie es stets geschieht, wenn man vor dem zu fliehen versucht, das man nicht im Griff hat. Und sofort tilgte ich diese Bilder bis ins kleinste Detail aus meinem Gedächtnis. Pulverisierte diese Szenen.

Mit anderen Worten, ich habe Menschen wie dich immer ignoriert. Und das aus einem einzigen Grund: damit bloß diese Wahrheit nicht zu schmelzen beginnen möge, die eingefroren und verborgen in meinem tiefsten Inneren schlummerte. Es war schlicht und einfach Angst. Ja, ich hatte eine unheimliche Angst vor solchen wie dir. Nie wagte ich mich über die Grenzen der Welt der »Normalen« hinaus, stets bewegte ich mich sicher unter den »Gewinnern«. Noch war ich nicht in der Lage, eine Niederlage einzustecken, Schmerz auszuhalten. Ich war ein Mann voller Angst.

Also, solltest du dich deshalb aus dem Spiel nehmen wollen, tu es nicht, bezahl nicht die Schulden anderer! Bis heute bin ich der Stümper gewesen. Der Versager. Der Behinderte. Der Mann ohne Mut.

Gib mir eine Chance. Ich bin ein heller Kopf. Ich lerne schnell.

44

Vielleicht findest du es dumm, aber während dieser Tage des Wartens habe ich es mit der Angst zu tun bekommen, dir keine angemessene spirituelle Entwicklung bieten zu können. Vielleicht, weil ich inzwischen fest davon überzeugt bin, dass du eine außergewöhnliche Seele bist. Du brauchst einen außergewöhnlichen Lehrer, der ich dir nicht sein kann. Daher habe ich im Internet recherchiert und hier und da ein wenig über dich geschrieben. Ich habe schlaflose Nächte auf der Suche nach Lösungen verbracht, habe Dutzende von E-Mails verschickt, wie ein Schiffbrüchiger, der Hilferufe in das unendliche Meer des Internets aussendet.

Ich habe keine einzige Antwort bekommen. Absolute Funkstille. Obwohl ich an Priester, Theologieprofessoren, vermeintliche Erleuchtete, Freidenker, Universitätsdozenten geschrieben hatte. Nichts. Als wollte die Welt die Existenz deiner Seele leugnen. Es kamen höchstens ausweichende Antworten, wie man dir das Leben einfacher machen könne, als ob meine Aufgabe einzig darin bestünde, dein schicksalsergebener Begleiter auf dem Weg zu einem erträglichen Tod zu sein. Als ob dir keine spirituelle Entwicklung bestimmt sei. Ich habe sogar an eine Art Zen-Mönch geschrieben, der hier in Italien Aikido unterrichtet und auf seiner Website »spirituelles Wachstum durch die Entdeckung der perfekten Bewegung und des eigenen Körpers« zu lehren verspricht. Ich habe ihm eine lange ausführliche E-Mail geschrieben, in der ich ihn fragte, ob das etwas für dich sein könnte. Ich trachtete nicht danach, deinen Körper in reinen Geist zu verwandeln, sondern wollte dich mittels Bewegung dem Spirituellen näherbringen. Ich wollte gerne wissen, ob er schon einmal Kinder mit Down-Syndrom unterrichtet habe oder interessiert daran sei, es einmal zu versuchen.

Keine Antwort.

Warum ich dir das erzähle? Damit dich das nicht erschreckt. Falls du Angst hast, dass die Welt dir nicht geben kann, was dein Geist benötigt, mach dir keine Sorgen: Ich weiß, dass du eine außergewöhnliche Seele bist, und das allein zählt. Und wenn wir beide unser Rennen gegen die Welt alleine gewinnen müssen, dann werden wir das eben tun.

Dein Großvater (mein Vater) pflegte zu sagen: »Wer nicht will, der hat schon.« Wenn sie nicht auf unsere Bitte eingegangen sind, heißt das einfach, dass sie uns nicht verdient haben. Sie haben *dich* nicht verdient. Also, mach dir keine Sorgen, wach auf. Um alles andere kümmern wir uns später.

45

Die Ärzte sagen, dass sich die Dinge zum Guten wenden. Du bist stabil, mehr oder weniger außer Gefahr. Auch der Plan, dich zu operieren, wurde fallengelassen. Doch sie begreifen nicht: Ich will nicht, dass du stabil bist, ich will auch nicht, dass du außer Gefahr bist. Ich will, dass du lebst. Raus aus dem Glaskasten. Ich will, dass du neben mir liegst. Um dir auch die Dinge zu sagen, von denen ich mir geschworen hatte, dass ich sie dir nie erzählen würde, weil sie der Vergangenheit angehören. Weil sie triefen vor Gift und jegliches Vertrauen vermissen lassen. Grausam und dumm.

Doch du kannst mich nicht daran hindern, mit dir zu sprechen, nur indem du mir nicht erlaubst, dich zu streicheln und dich in die Arme zu nehmen. Der Schlaf wird dich nicht vor meinen Geschichten retten, auch nicht vor denen, die ich mir geschworen hatte, dir nie zu enthüllen.

Nicht einmal vor den grausamsten. Weißt du, was ich wenige Stunden nach deiner Geburt dachte? Ich glaubte, dass diese 666 tatsächlich deine Zahl sei. Ich glaubte, dass du nicht nur »*uma criança especial*« seist, sondern tatsächlich eine Kreatur, die auf die Erde geschickt worden war, um mein Leben zu zerstören. Ein kleiner Dämon, den ich nie wieder loswerden würde.

Verrückt? Ja. Widerwärtig? Allerdings.

Am Tag darauf habe ich darüber mit dem Menschen gesprochen, der dich bei deiner Taufe im Arm halten sollte. Ich habe ihn nicht zufällig ausgewählt: Er ist so etwas wie ein heiliger Mann, einer von denen, die mit Gott sprechen können, auch wenn der gerade abwesend ist. Ich lud ihn zum Laufen im Park ein und erzählte ihm alles. Ich war schweißnass, rang nach Luft, und ich hatte nicht geschlafen. Er nahm meinen Wahn und meine Ängste ernst. Und er begnügte sich nicht damit, Mitleid mit einem vor Kummer am Boden zerstörten Vater zu haben, der in der Nacht zuvor erfahren hatte, dass er ein mongoloides Kind hatte, und dessen Frau unter Narkose im Krankenhaus lag. Nein, er deutete meine Worte als genau das, was sie waren: ein unüberlegter Hilferuf, gepaart mit der verzweifelten Suche nach Verständnis. Obwohl er nicht eines dieser Worte benutzte. Er holte tief Luft und meinte: »In Ordnung. Gib mir eine Nacht, um für dich nachzuforschen.«

In jener Nacht konnte ich nicht schlafen – es war schon die zweite. Er verbrachte die Nacht sicherlich im Gebet. Am nächsten Morgen klingelte er an meiner Tür, schloss mich in die Arme und sagte lächelnd: »Ich habe gebetet, gefragt, und jemand hat geantwortet.«

Ich sah ihm fest in die Augen und fragte: »Und?«

Er zögerte nur den Bruchteil einer Sekunde. »Eines weiß ich mit Bestimmtheit: Von euch dreien ist dieses Kind das reinste Geschöpf.«

Mehr sagte er nicht.

Wenn du größer bist, wirst auch du feststellen, dass den Worten deines Taufpaten nichts hinzuzufügen ist, seinem Fazit nach einer Nacht im Zwiegespräch mit Gott. Ich dankte ihm. Auch wenn mein Kummer nicht verschwunden war, hatte ich doch zumindest einen Schmerz weniger. Du warst zwar *uma criança especial*, aber du warst nicht mein Fluch.

Ein paar Tage, nachdem ich mich von diesem Hirngespinst befreit hatte, erreichte mich eine weitere gute Nachricht. Zufälligerweise, als hätte das Leben beschlossen, sich wieder meiner anzunehmen, sprach ich mit Cosetta, einer Logopädin aus Neapel und einer engen Freundin deiner Mutter. Ohne etwas von deinen Problemen zu wissen, sagte sie plötzlich: »Weißt du, gerade weil ich mit diesen Kindern arbeite, habe ich mir meine eigenen Gedanken dazu gemacht, was Behinderungen betrifft. Je länger ich sie beobachte, umso mehr komme ich zu der Überzeugung, dass es keine geistige Zurückgebliebenheit gibt. Auch keine motorischen Defekte. Was da geschieht, ist einem fehlenden Orientierungssinn im Raum zuzuschreiben. Ich will damit sagen: Wenn du diesen Bleistift greifen willst, musst du genau wissen, von welchem Punkt aus deine Hand sich bewegen soll und wo du sie hinführen möchtest. Wenn du diese beiden Koordinaten kennst, kannst du den Weg ermitteln. Wenn du dagegen nicht weißt, von wo du startest, und nicht verstehen kannst, wo du anhalten musst, wirst du immer unbeholfen und linkisch erscheinen, nicht wahr? Das gilt für die Sprache ebenso wie für die Bewegung. Man ist nur wegen fehlender Bezugspunkte unbeholfen oder stottert, nicht aufgrund von Dummheit.«

Sie erwartete eine Antwort, die ich ihr schuldig blieb, dafür aber erwachte in mir ein Gedanke. Ich überlegte, dass es sich mit allen Dingen so verhält, mit denen wir konfrontiert werden, so »normal« wir auch sein mögen. Im Grunde ist es immer genau das: Wenn wir nicht genau wissen, von wo wir losgehen, und nicht in der Lage sind zu entscheiden, wo wir ankommen wollen, können wir niemals einen sinnvollen Lebensweg planen. Wir hinterlassen einen unbeholfenen und auch etwas dummen Eindruck.

Dabei dachte ich nicht mehr an dich, sondern an mich. Welchen Lebensweg wollte ich jetzt, wo es dich gab, verfolgen? Und welchen hatte ich vor deiner Geburt eingeschlagen? Wohin ging ich, und woher kam ich? Cosetta schien mein Unbehagen bemerkt zu haben. Sie stand auf und sagte gutmütig: »Wie auch immer, ich will dich nicht mit meiner Arbeit langweilen. Ich mache dem frischgebackenen Papa lieber einen Tee!«

Es gefiel ihr, mich Papa zu nennen.

Übervoll mit Zweifeln sah ich sie an und dachte dabei, dass seit deiner Geburt viele der Antworten, nach denen ich suchte, in einem Tee endeten. Wenn du schon jetzt, eingeschlossen in deinem Raumschiff, so viel bewirken kannst, fragte ich mich, was wird dann erst am Ende der Reise passieren, sobald du deinen Fuß auf diese Erde setzt?

46

Siehst du, ich bin noch hier. Du wirst mich immer hier finden. Du wirst sehen, ich bin stur. Ich ergebe mich nie. Solange du nicht beschließt, deine kleinen Augen zu öffnen – die noch nicht richtig sehen können –, bleibe ich hier. Also wach auf, du hast keine andere Möglichkeit, mich loszuwerden. Öffne die Augen! Ich kann dich nicht mehr gehen lassen. Ich muss noch so viele Dinge verstehen, und dabei kannst nur du mir helfen.

Siehst du? Wir sind aneinander gebunden. Du wirst jetzt gebraucht. Von mir, von deiner Mutter, ja, ich glaube auch von deinen Großmüttern. Sogar von deinem Onkel, deiner Cousine. Ich glaube, dass die Welt dich jetzt braucht. *Once you're born you can no longer hide*, hieß der Titel eines Films. Ich habe ihn zwar nicht gesehen, aber der Sinn ist eindeutig, findest du nicht? Jetzt bist du geboren: Du kannst dich nicht mehr verstecken. Du kannst dich nicht mehr fortstehlen. Hättest du alles hinschmeißen wollen, hättest du das früher tun müssen, du hattest ja die Gelegenheit. Es gibt so viele Dinge, die du noch lernen musst. So vieles auf der Welt, bei dem du mir helfen musst, es zu verstehen.

Da ist zum Beispiel diese eine Sache, die ich dir noch nicht erzählt habe: Ich glaube, du bist wegen eines Zahnproblems geboren worden. Siehst du? Bevor es dich gab, wusste auch ich nicht, dass man wegen eines Zahnproblems geboren werden kann. Dank dir bin ich zu der festen Überzeugung gelangt, dass die Erde mit Engeln bevölkert ist. Sie nehmen in den Menschen, denen wir begegnen, Gestalt an, um uns die wichtigsten und entscheidendsten Momente unseres Lebens bestehen zu lassen. Ich habe festgestellt, dass diese Engelsmenschen in den seltensten Fällen diejenigen sind, die uns am nächsten stehen. Oft sind sie vielmehr das Ergebnis unwahrscheinlicher Begegnungen. Und manchmal tauchen sie völlig unerwartet auf oder sehen irgendwie seltsam aus.

Diesem Zahnarzt-Engel zum Beispiel, dem du deine Geburt verdankst, bin ich das erste Mal begegnet, weil ich mich rächen wollte. Er war ein guter Freund von jemandem, der mir Geld schuldete. Der Plan war simpel: Ich würde mich behandeln lassen, ohne zu bezahlen. Normalerweise setze ich das, was ich plane, auch in die Tat um. So war es auch diesmal. Am Ende hatte ich einen unbezahlten, hervorragend gelungenen überkronten seitlichen Schneidezahn. Ich war zufrieden – ich hatte einen Teil meines Geldes zurückbekommen und meine Rache genossen. Oberflächlich, wie ich war, dachte ich nicht im Traum darüber nach, dass ich eine unschuldige Person, die sich zudem ausgesprochen gut auf ihr Handwerk verstand, in diese Geschichte hineingezogen hatte. Und so verschwand diese Sache ein paar Jahre lang aus meinem Gedächtnis.

Meine Arbeit besteht meist aus Meetings, bei denen man selbstsicher auftreten, Optimismus ausstrahlen und so tun muss, als sei man immer in Bestform. Eines Tages sollte ich in eben jenem Bürogebäude, in dem ich meine Rache geübt hatte, an einem dieser Meetings teilnehmen: zwei Stockwerke über der Zahnarztpraxis. Ich war zu früh dran und beschloss, noch etwas essen zu gehen. In einer nahe gelegenen Bar bestellte ich einen Geflügelsalat. Beim ersten Bissen merkte ich, wie etwas in meinem Mund nachgab – die Krone. Ich eilte zur Toilette: Der Spiegel warf ein peinliches Zahnlückenlächeln zurück.

Da hast du's: die Zeichen! Warum sonst sollte eine Krone vor der Praxis des Zahnarztes, den du beraubt hast, herausfallen? Es ist das Leben, das dir zeigen will, welchen Weg du zu gehen hast. Was bleibt einem da zu tun? Dankbar annehmen. Wir haben keinen anderen Plan. Ich klingelte, die Krone in der Hand.

»Ich habe einen kleinen Notfall«, sagte ich zur Sprechstundenhilfe.

»Ja, ich sehe schon, fragen wir den Doktor.«

Ich hatte Glück, er war trotz der Mittagspause in der Praxis. Ich legte mich auf den Behandlungsstuhl. Er sah mich lange aufmerksam an, und mir war, als hätte er mich wiedererkannt. Er nahm die Krone in die Hand und erkannte vermutlich auch sie.

»Lassen Sie mal sehen«, sagte er. »Die muss nur frisch eingeklebt werden. Zehn Minuten, und Ihr Lächeln ist wieder da.«

Singend begann er mit der Arbeit, wie er das immer machte. Als er fertig war, dankte ich ihm und fragte: »Was schulde ich Ihnen?«

Er zog die Handschuhe aus und lächelte. »Dafür? Das ist doch eine Kleinigkeit. Sie können mich irgendwann auf einen Espresso einladen. In Ordnung?«

Jetzt war ich mir sicher, dass er mich erkannt hatte, doch da er nichts sagte, ergriff ich die Initiative.

»Hören Sie, ich muss Ihnen das hier und noch etwas anderes bezahlen, das schon ein paar Jahre her ist.«

Er sah mich über seine Brille hinweg an.

»Ja, sicher. Wenn Sie die Schulden begleichen wollen, genügt der Kaffee nicht mehr«, antwortete er seelenruhig. Er nannte mir die Summe, und ich hinterließ einen Scheck. Seit diesem Tag ist er mein unersetzlicher Zahnarzt-Engel.

Und er hat Großes für mich geleistet. Er hat zum Beispiel deiner Großmutter das Leben gerettet. Es war zu einer Zeit, in der ich viel arbeitete und alles andere vernachlässigte. Deine Großmutter ist eine komplizierte Frau: Sie lässt sich behandeln, wenn ihr nichts fehlt, aber nicht dann, wenn es notwendig wäre. Es ist wie in der Fabel, in der der Schäfer ständig »Der

Wolf, der Wolf!« ruft und am Ende niemand mehr kommt, um zu helfen. Deshalb ist es schwer, auf sie aufzupassen.

Während einer Behandlung erzählte mir mein Zahnarzt-Engel ohne tieferen Grund: »Ich habe im Moment meine Schwiegermutter im Haus ... eine Katastrophe. Seit sie vor einem Jahr einen Schlaganfall hatte, ist sie gelähmt und wohnt abwechselnd bei ihren vier Töchtern. Derzeit ist meine Frau dran. Tja, so können die Dinge laufen. Manchmal genügt schon eine kleine Kontrolle im richtigen Moment, um zu vermeiden, dass viele Jahre, wenn nicht gar ein ganzes Leben, zur Tragödie werden.«

Zu dieser Zeit erzählte mir deine Großmutter immer wieder, dass ihr Blutdruck viel zu hoch sei, aber ich nahm sie nicht ernst. Ich war zu beschäftigt. An diesem Tag aber ließ ich alles liegen und fuhr sie zu einer Kontrolluntersuchung. Der Kardiologe beglückwünschte uns zu unserem Timing: Ein paar Tage später, und es hätte wer weiß was passieren können. Eine Woche im Krankenhaus, die richtige Therapie, und alles wendete sich wieder zum Guten. Reiner Zufall, hätte ich früher, bevor es dich gab, gesagt. Ja, bevor es dich gab, war ich ziemlich dumm. Aber für dich hat dieser Zahnarzt-Engel noch etwas viel Wichtigeres getan. Er hat dafür gesorgt, dass du geboren wurdest.

Deine Mutter war zu einer Zahnreinigung und ich zur Kontrolle zu ihm gekommen. Ich war als Erster zur Behandlung dran, während sie im Wartezimmer plauderte. Ausgerechnet sie, die sonst immer so still und zurückhaltend war. Sie sprach mit einem kauzigen älteren Herrn, der ihr von seiner Tochter Marina erzählte, einer Hebamme, die das erste International Board of Lactation Consultants in Rom eröffnet hatte, ein Zentrum, das sich für natürliche Geburten einsetzte. Als auch ich mich in das Gespräch einschaltete, reichte mir der Mann die Visitenkarte seiner Tochter.

»Das ist toll«, sagte ich mit meinem üblichen beißenden Sarkasmus, »aber uns fehlt die wichtigste Voraussetzung: wir haben keine Kinder!« Damit gab ich ihm die Visitenkarte zurück.

Just in diesem Moment erschien der Zahnarzt-Engel. »Komm schon, nimm sie trotzdem. Vielleicht brauchst du sie eines Tages.«

Da nahm ich sie an wie einen Glückwunsch, den man nicht recht ernst nimmt. Drei Monate später war deine Mutter schwanger, und wir waren bei Marina.

Marina war die einzige Hebamme, die dafür sorgen konnte, dass du auf die Welt kommst, auch wenn wir das zu dieser Zeit noch nicht wussten. Dank ihr nahm ich, genau als du im Bauch deiner Mutter zu leben begannst, an einem Projekt teil, in dem Geschichten von Müttern erzählt wurden, die sich für eine Hausgeburt entschieden hatten. Marina hat uns Zugang zu einer Welt verschafft, in der die Geburt voller Magie, Geheimnisse, leuchtender Vollmonde, Gesänge, Schwingungen und Gefühle war, fernab von Maschinen, Ultraschallgeräten und anderen nützlichen Instrumenten. Sie überzeugte uns davon, nur drei Ultraschalluntersuchungen und keine Amniozentese machen zu lassen. Das bringt nichts, meinte sie.

»Kinder, die geboren werden sollen, werden geboren. Und um die, die nicht geboren werden sollen, kümmert sich die Natur. So sehr der Mensch sich auch abmüht, am Ende zählt immer nur die Natur.«

Wir haben ihr geglaubt und sind ihr in ihre Welt gefolgt, in der die Kleinen auf Wiesen, im Mondlicht, zu Hause im Bett, ja sogar auf einem Floß zur Welt kommen. Auch du hättest ursprünglich zu Hause zur Welt kommen sollen. Marina hatte uns überzeugt, die Entbindung so einfach und natürlich wie möglich zu gestalten. »Die Geburt ist die natürlichste Sache der Welt, warum sollte sie im Krankenhaus stattfinden?«

Das war ihre Einstellung. Wie du siehst, lag sie nicht ganz richtig. Oder vielleicht doch. Vielleicht seid ihr kleinen Argonauten Kinder, denen es von der Natur bestimmt war, geboren zu werden. Und es liegt an uns Eltern zu verstehen, warum. Wären wir Marina nicht begegnet, hätten wir den üblichen medizinischen Weg eingeschlagen und rechtzeitig erfahren, was mit dir los ist. Und ich glaube … nein, ich bin mir sogar sicher, auch wenn es mir heute leidtut, dir das sagen zu müssen … also, ich glaube, wir hätten dir letztendlich nicht erlaubt, das Licht der Welt zu erblicken. Wir hätten uns der Ratio der Medizin gebeugt. Nein, ein Kind mit Down-Syndrom hätten wir damals auf keinen Fall gewollt oder akzeptiert. Wir hätten einfach nicht die Kraft dafür gehabt. Wir hätten uns niemals vorstellen können, wie wunderbar du sein würdest.

Siehst du, über welche verschlungenen Pfade das Leben uns führt? Wenn du heute hier bist, dann nur, weil es Marina gibt. Und Marina gibt es wegen eines wunderlichen Rentners, der sich die Mühe gemacht hat, mit deiner Mutter zu reden. Im Wartezimmer eines Zahnarztes, in dem wir nur wegen einer zwei Jahre zu spät bezahlten Jacketkrone saßen.

Diese Abfolge von Ereignissen mag verrückt erscheinen; aber sag, ist sie das wirklich? Wenn du die Wahrheit wissen willst: Das Verrückteste an der ganzen Sache ist, dass ich, seitdem es dich gibt, überzeugt davon bin, dass sie logisch und nachvollziehbar ist. Du bist zu uns gekommen, weil du ein Engelkind bist, das aus einem bestimmten Grund geboren wurde. Die gute Frau Dr. Mori hat das von Anfang an behauptet, ohne dass ich etwas darauf gegeben hätte. Also, so gerne du auch deine Flügel benutzen würdest, flieg nicht davon. Noch ist es zu früh. Gib uns wenigstens die Zeit zu verstehen, warum du zu uns gekommen bist.

47

Ich schaue dich an und habe Angst. Du schläfst ganz still und regungslos. Vielleicht auch nicht, vielleicht denkst du mit geschlossenen Augen nach. Worüber? Ich würde gerne alles über dich wissen. Dich zu berühren gab mir Sicherheit, machte meine Tage leichter. Dich nicht zu berühren erfüllt mich dagegen mit Angst und Sorge. Warum zögerst du? Worauf wartest du? Jetzt kannst du doch herauskommen. Wach auf. Alle sagen es. Jeder Wert stimmt, alles ist in Ordnung: Was fehlt dir noch? Worauf wartest du, was soll noch passieren? Du hast den Bauch deiner Mutter verlassen, willst du jetzt nicht auch den Brutkasten verlassen?

48

Inzwischen fällt es mir immer schwerer, mit dir zu reden. Ich würde diese blöde und sinnlose Glasscheibe am liebsten zerschmettern. Mir ist klar geworden, dass sie unser wahrer Feind ist, von Anfang an gewesen ist. Nicht etwa ein Chromosom zu viel, nicht die dreihundert in deinem Körper umherirrenden Gene, nicht die niederträchtige Krankenschwester, die dich für ein Missgeschick hielt. Auch nicht die Liste in meiner Tasche, die dich so erbarmungslos beschreibt. Das alles sind Dinge, die zum Leben gehören, die einfach geschehen, ob gut oder schlecht.

Unser Feind ist diese blöde, sinnlose Glasscheibe, die uns auf einmal trennte. Die aus mir den Vater gemacht hat, der ich nicht war, und aus dir den Sohn, der du nicht bist. Und jetzt versucht sie es von Neuem. Sie tut so, als wäre sie durchsichtig, stattdessen lässt sie nichts von dem durchscheinen, was du wirklich bist. Ich würde es am liebsten allen Eltern auf dieser Station ins Gesicht schreien: Unseren Kindern fehlt nichts! Es ist nur diese sinnlose, verlogene Glasscheibe, die uns etwas anderes vorgaukelt. Sie zeigt sie uns verschwommen und matt, unwirklich, so, wie sie nicht sind. Und wenn sie später einmal draußen sind und die Leute sie neugierig oder ängstlich ansehen, müssen wir allen zurufen: »Schiebt die verlogene Glasscheibe vor euren Augen beiseite! Erkennt das Wunder in ihnen. Wir haben es geschafft, dann könnt ihr das auch!«

Ja, ich würde diese blöde, sinnlose Glasscheibe am liebsten kaputt schlagen und dich wieder in die Arme nehmen. Das ist es, was ich in meinem Inneren laut vor mich hin sage. Aber ich mache mir etwas vor, denn die Wahrheit sieht leider anders aus: Diese Glasscheibe ist im Moment das Einzige, was dich am Leben erhält. Sie ist nicht unser Feind, sie ist deine Rettungsinsel! Daher ist es unmöglich, sie beiseitezuschieben. Du wirst dich aus deinem Raumschiff mit irgendeinem magischen Trick befreien müssen, wie ein geschickter Zauberkünstler ... ohne das Glas zu zerbrechen.

49

Heute Nacht habe ich endlich verstanden.

Mitten in der Nacht bin ich aufgewacht. Du warst da, und ich habe dich angelächelt. Jetzt weiß ich, worauf du wartest. Du nimmst dir keine Auszeit, weil du müde, erschöpft oder enttäuscht bist oder weil du uns bestrafen willst. Du hattest nie vor, zu gehen, aufzugeben! Stimmt's? Diese Pause, diese Auszeit ist nicht für dich, sondern für uns. Deshalb geht es dir besser, aber du wachst nicht auf.

Du siehst, dass wir noch nicht bereit sind, und das verschreckt dich. Gut, wenn es das ist, dann kannst du aufhören, krank zu spielen. Du hast recht, wir sind noch nicht bereit. Aber davon darfst du dich nicht abschrecken lassen. Hier laufen die Dinge so: Man wächst mit seinen Aufgaben. Das ist normal. Du musst uns einfach vertrauen. Wir müssen noch in die Sache hineinwachsen, schließlich sind wir erst seit ein paar Tagen Eltern, was erwartest du? Dass wir von Anfang an perfekt sind? Wir werden besser, von Tag zu Tag. Wir werden dich nicht enttäuschen. Wir sind nicht bereit, noch nicht, aber wir werden es bald sein. Sieh es einfach so: Wir sind bereit, bereit zu sein. Hör auf mit der Warterei! Wach auf! Jetzt! Wie sollen wir denn wachsen, wenn nicht mit dir?

50

Dr. Mori rief mich persönlich an, aber ich habe es schon vorausgeahnt. Mittlerweile weiß ich die Zeichen klar zu deuten.

»Guten Tag, Frau Doktor. Sagen Sie nichts. Ich weiß schon alles: Francesco geht es gut, ich kann ihn endlich wieder in den Armen halten. Ich komme.«

Sie war zuerst sprachlos und meinte dann: »Woher wissen Sie das? Ich habe es noch niemandem gesagt. Nicht einmal Ihrer Frau.«

Mir war nicht danach, irgendeine Lüge zu erfinden, also habe ich ihr die skurrile Wahrheit anvertraut. »Francesco hat es mir heute Nacht erzählt, im Traum. Die Auszeit ist vorbei, er vertraut uns wieder. Er ist sich sicher, dass wir es schaffen können. Das Kind hat ein Herz aus Gold. Ich wusste, dass er uns nicht im Stich lassen würde. Und wir werden ihn nicht enttäuschen.«

Sie gab mir keine Antwort. Wie sollte sie auch, die Ärmste? Hat sie etwa all die Zeichen erhalten, die ich von dir bekommen habe? Hat sie sich all meine Gedanken gemacht? Arme Frau Dr. Mori, sie ist großartig, aber was kann sie schon von mir und dir wissen? Sie interessiert sich für Gene und Chromosomenkonfigurationen. Wie sollte sie wissen, was uns beide, mich und dich, wirklich ausmacht? Gut, bereite dich schon einmal vor: Ich bin schon auf dem Weg.

Da bin ich. Das ist der Tag, auf den deine Mama und ich von Anfang an gewartet haben. Du bist außer Lebensgefahr, wach und hungrig. Wie ich mich nach dir gesehnt habe! Schon morgen wirst du wieder Muttermilch trinken. Ich wollte mich nur bei dir bedanken. Du hast uns nicht umsonst warten lassen. Wir haben einen festen Pakt geschlossen. Wir bleiben zusammen, für immer, du und ich. Ich hatte übersehen, dass eine Übereinkunft immer von zwei Seiten besiegelt werden muss. Meine Zustimmung hast du schon. Ich bin glücklich, dass du mir endlich auch deine gegeben hast. Ja, ich bin so schnell wie möglich hergekommen, nur um mich bei dir zu bedanken. Jetzt ruh dich aus. Morgen wird dein Papa dich wieder in die Arme nehmen, und für uns beginnt eine glückliche Zeit. Allerdings, mein kleiner Zauberer, lass jetzt diese Tricks – sie schneiden mir zu sehr ins Herz. Es gibt andere Wege, mich bestimmte Dinge begreifen zu lassen.

51

Ich betrachte dich, wie wohl jeder Vater seinen Sohn betrachtet. Aber du bist nicht mehr du. Du bist jetzt ein einziges Erstaunen und verstehst es, einen zu verblüffen. Und du bist noch viel schöner als zuletzt. Deine Augen sind agiler und lebhafter geworden, inzwischen gelingt es dir, den Kopf zu halten und koordiniert zu bewegen. Und deine samtweichen kleinen Hände scheinen stets kurz davor zu sein, etwas aus der Luft greifen zu wollen, das niemand von uns sehen kann. Einem inneren Rhythmus folgend, öffnest und schließt du fortwährend die Finger. Manchmal versuchst du mit deinem Beinchen den Mund zu erreichen in der Hoffnung, an etwas saugen zu können. Und wenn ich dir nichts Besseres anbieten kann, gibst du dich gnädigerweise auch mit meinem Finger zufrieden. Ich liebe es, dich zu lieben, mein Kind. Wer hätte das am Anfang gedacht?

Was meinst du, soll ich heute einmal meiner Fantasie ein wenig freien Lauf lassen? Sollen wir miteinander in die Lüfte fliegen? Ich lege gerade ein Album mit den wenigen Bildern an, die ich als Erinnerung an diese Tage von dir gemacht habe, so behutsam es ging. Beim Auswählen der Fotos musste ich an meine eigene Kindheit denken. Ich bin mit Nutellabrot und Comics von Superhelden aufgewachsen. Und soll ich dir etwas sagen? Jeder Superheld war genau wie du.

Heute möchte ich dich einmal aus dem Blickwinkel meiner Kindheit sehen: Heute bist du mein Superheld. Was sonst könntest du sein? Du hast siebenundvierzig Chromosomen, eines mehr als der Rest von uns armen Erdenbewohnern. Bestimmt kommst du von einem anderen Planeten, aus einer anderen Dimension. Man sagt, dass all jene, die so wie du ein wenig anders sind, als Letzte von Gott erschaffen wurden, am achten Tag. Du bist nicht einfach mein Kind, du kannst nicht nur mein Kind sein. Du bist mein Superkind. Mein Superchromosomenkind, ein Gesandter mit dem Auftrag, mich zu retten und vielleicht, wer weiß, eines Tages auch die ganze Welt. Über dein Kostüm brauchst du dir nicht allzu viele Gedanken zu machen, deine Mutter wird dir bestimmt einen standesgemäßen Umhang nähen. Und ich weiß auch schon, welche Art von Maske zu deinem kleinen Gesicht passt. Ich mache manchmal bereits Skizzen davon. Im Zeichnen bin ich gar nicht schlecht, und du wirst sehen, es wird eine wunderschöne Maske. Sogar ein Film hat deine Ankunft bereits verkündet: *Howard – ein tierischer Held*. Es ist der verrückteste Film, den sich jemals irgendwer ausgedacht hat, der einzig wahre in dieser Stunde der Unbeschwertheit. Du bist dieser Enterich, stimmt's? Am Tag deiner Geburt haben sie rotes Kryptonit in den Kreißsaal geschmuggelt, aber du hast und wirst dich niemals unterkriegen lassen. Wie dieser Enterich wirst du zwar auf etwas unbeholfene Weise, aber ohne einen Anflug von Angst durch die Straßen der Welt spazieren. Und ich verspreche dir, dass ich dir all den Mut zurückgeben werde, den du mir beigebracht hast. All den Mut, von dem ich nicht einmal wusste, dass ich ihn habe.

Nun gut. Wie lange möchtest du noch Pilot dieses Raumschiffs bleiben? Ist es nicht an der Zeit, die Reise zu beenden? Ist nicht der Moment gekommen, die Lämpchen und Sonden hinter dir zu lassen? Die Erde wartet auf dich. Sie muss gerettet werden.

52

Weißt du, was ein guter Projektmanager machen muss? Er muss die sinnlosen Prozesse minimieren, streichen, alles Überflüssige eliminieren. Er muss entlasten. Weißt du, wie ein Heißluftballon in den Himmel steigt? Indem er Ballast abwirft. Sogar die Vögel haben sich hohle Knochen zulegen müssen, um fliegen zu können. Und die schönsten Gedichte? Sind die, die mit wenigen Worten alles sagen können.

Dinge anzuhäufen war früher einmal notwendig: Heute ist das überflüssig. Inzwischen sind wir alle übergewichtig, platzen aus allen Nähten, körperlich, emotional, materiell. Wir sind hungrig, besessen vom Dämon der Habgier. Wir müssen lernen, leichter zu werden. Das ist die Wahrheit. Und ich denke, du bist unser Lehrmeister.

Alle großen Männer haben versucht, sich klein zu machen. Weißt du, dass Jesus am letzten Abend jedem einzelnen seiner Jünger die Füße gewaschen hat? Er hat sich selbst auf die unterste Stufe gestellt. Auch Francesco Giovanni di Pietro Bernardone, dein Namenspatron, hat zuerst begonnen, sich frei zu machen, bevor er ein Heiliger wurde. Er hat auf sein Haus, auf den Familienbesitz, aufs Geld verzichtet. Auf den Handel. Er hat sich aller Dinge entledigt, sogar seiner Kleider, und hat schließlich sogar seinen Namen gekürzt. Er wurde der größte aller Heiligen, indem er sich immer kleiner machte. Du hast all das bereits so gut verstanden, dass du es schon vor deiner Geburt in die Tat umgesetzt hast! Also – mit deinem guten Beispiel wirst du die Welt retten. Oder zumindest den Teil, der noch gerettet werden will.

Du wirst noch nicht einmal sprechen lernen müssen, um ihnen allen zu sagen: »Verzichtet auf ein Stück eurer Intelligenz, und ihr werdet sehen, dass mit ihr auch ein Großteil eurer Eitelkeit, eures Egoismus und eurer Überheblichkeit verschwindet.« Genau das wirst du ihnen sagen, in jedem Moment deines Lebens. Dort, wo der Verstand sich zurückzieht, findet eine neue Menschlichkeit Platz. Und du wirst es sagen, ohne es aussprechen zu müssen.

Da fällt mir ein, jemand hat versucht, mit Nilpferden ein Ballett zu den grazilen Klängen von Ponchielli einzustudieren. Und soll ich dir sagen, warum? Weil er ein Genie war, der dein Geheimnis kannte. Du wirst tanzen wie sie. Du wirst uns beibringen, dass mit Leichtigkeit alles möglich ist, dass man sogar ein Nilpferd dazu bringen kann, Ballettschuhe und ein Tutu anzuziehen.

Ich erzähle dir das, weil dir eines Tages vielleicht jemand entgegenschleudern wird, dass dein Gehirn weniger wiegt als das der anderen. Dass seine Leistung vermindert ist, dass es weniger Synapsen hat, weniger Neuronen, dass dein Neocortex weniger dick ist. Dann sag ihnen einfach die Wahrheit: dass es das Gehirn eines Superhelden ist, eines Wesens, das sich von überflüssigem Ballast befreit und sein Leben leichter gemacht hat. Und falls du es ihnen nicht erklären willst, werde ich es versuchen. Zu viele Tage, zu viele Stunden hat dein Papa dich als Last erlebt, eine riesige unerträgliche Last. Zu lange habe ich dich hier oben, in meinem von Synapsen, Neuronen und Gedanken verstopften Gehirn erlebt. Jetzt, wo ich deine wahre Größe erkannt habe, möchte ich es deiner Mutter gleichtun und dich weiter unten wahrnehmen: zwischen Bauch und Herz. Jetzt möchte ich – mit meinem aufgeblasenen Ungetüm von Gehirn – der Welt entgegenschreien, wie dumm ich gewesen bin: Ich habe dich vergebens mit dem Kopf gesucht, wo es doch so einfach gewesen wäre, dich mit dem Herzen zu finden. Denn ohne Liebe wird jeder Gedanke zu Gift.

Ich werde der ganzen Welt zurufen: »Soll ich euch ein Geheimnis verraten, damit ihr die Beschaffenheit eurer Gedanken ganz und gar versteht? Das Geheimnis, das mein Sohn mir enthüllt hat? Soll ich? Also gut: Fragt euch bei jedem einzelnen eurer Gedanken: ›Kann ich das, was ich denke, mit Liebe denken?‹ Denn sollte es nicht so sein, dann tut ihr gut daran, diesen Gedanken beiseitezuschieben, so außerordentlich er euch auch erscheinen mag. Sonst wird er euch ins Unglück stürzen.«

Doch ich werde mich nie mit fremden Federn schmücken: Ich werde immer allen sagen, dass du mich das gelehrt hast, mein Sohn. Der einzige Enterich, der in der Lage ist, die Welt zu retten.

53

Vielleicht werde ich dumm, unvorsichtig oder einfach nur ehrlicher. Heute habe ich einen Tag blaugemacht, und als meine Chefin mich nach dem Grund fragte, habe ich die Wahrheit gesagt. Ich habe nicht behauptet, es ginge mir nicht gut, oder irgendeine Ausrede erfunden. Ich gab ihr zur Antwort, es sei ein Versuch, meinem Sohn die Sicherheit zu vermitteln, dass er sich an meiner Seite geborgen fühlen könne. Ich sagte ihr, dass du bald nach Hause kommen und dann die Wärme deines Raumschiffes, die Sonden und die Lichter vermissen würdest. Und dass ich unbedingt einen Ersatz dafür finden müsse. Dass es meine Pflicht sei, dir die Trennung nicht allzu schwer zu machen. Ich schilderte ihr, wie ich die Lichterkette über deinem Bettchen aufgehängt und zwischen seine Gitter kleine fluoreszierende Gegenstände aus weichem Kunststoff gesteckt habe. Schließlich habe ich sie sogar um Rat gefragt.

Sie blieb völlig gefasst. »Aha, ich verstehe. Sie sind also momentan sehr beschäftigt. Meinen Sie denn, wir sehen Sie eventuell morgen wieder?«

»Ich weiß es noch nicht«, erwiderte ich. »Ich hoffe schon. Ich hoffe, dass ich bis morgen eine anständige Lösung gefunden habe.«

Ich beginne, auch den Vorteil zu entdecken, Vater eines »besonderen« Kindes zu sein: Es wird einem ohne Weiteres jede Eigentümlichkeit verziehen. Nach diesem Telefonat machte ich mich wieder an die Arbeit. Ich versuchte, mir vorzustellen, welche Dinge dir helfen könnten, dich in diesem Zimmer heimisch zu fühlen. Aber dann kam mir deine erste Lektion in den Sinn: Es ist nicht das Materielle, das zählt, nichts, was man greifen kann, und nichts von alledem, was ich eben für dich aufbauen wollte. Am Ende gewinnt immer die Leichtigkeit. Also änderte ich meine Strategie. Nicht die Gegenstände, die Lichter und die Kabel würden dir helfen, sondern ein Gefühl, das du empfinden kannst, wenn wir dich zu Hause empfangen.

Und plötzlich kam mir die Idee, dir ein Wiegenlied zu schreiben, das ich dir im Krankenhaus und dann zu Hause vorsingen würde. Meinst du, das ist eine gute Idee? Dass ein Lied dich die Lichter und Schläuche vergessen lässt? Wie, das hängt vom Lied ab? Werd jetzt bloß nicht frech! Es wird natürlich wunderschön sein. Und verlass dich drauf, ich werde bestimmt nichts recyceln, was es schon gibt. Es wird kein vorgefertigtes Liedchen, kein Abklatsch von dem, was man allen anderen Kindern auf der Welt vorsingt. Das würde ich niemals tun. Es wird ein völlig neues Lied sein, nur für uns allein. Du hast es dir verdient.

Was soll das heißen, ich habe dir noch nichts davon vorgesummt? Sei nicht so ungeduldig: Ich bin eben erst dabei, es zu vollenden.

54

Schließ die Augen, mein Fischlein, schlaf ein – nach Tagen der Stille und Pein – bist so müde, nachdem du zur Welt gekommen – nachdem du an meine Seite geschwommen – Ruh dich aus und lass uns gemeinsam träumen – von Tagen voll Liebe und Purzelbäumen – Doch nun schließ die Augen und schlafe im Nu, und schenk deinem Herzen viel selige Ruh.

Ich habe es dir vorgesungen. Ich habe es dir zum ersten Mal vorgesungen. Und es gefällt dir. Du hast mit dem Beinchen gestrampelt und anscheinend zugehört. Du hast es tatsächlich verstanden, so genau sogar, dass du jedes Mal sauer wurdest und zu quengeln anfingst, sobald ich versuchte, es zu verändern. Ich singe es wieder und wieder, und langsam fallen deine Augen zu. Dein Atem wird ruhiger. Deine ohnehin lockeren Muskeln entspannen sich. Jede Schwere weicht jetzt von dir, du bist nur noch Freude.

Dich durch das Vorsingen eines Liedes zum Einschlafen zu bringen erfüllt mein Herz mit einer Reinheit und Sanftheit, die ich nicht zu besitzen glaubte. Und wenn ich dich in meinen Armen halte, verschwimmen die Grenzen dessen, was mir gehört, die Grenzen meiner Gedanken. Die Wunde, die du in mir aufgerissen hast, schließt sich. Ich betrachte dich wie ein Wunder, für das ich keine Worte finde. Ich spüre, dass ich mich ohne dich nie mehr werde vollständig fühlen können, für immer und ewig.

Ich sehe den Abstand zwischen mir und den Vätern von »normalen« Kindern nicht mehr. Mehr noch: Es gelingt mir nicht mehr, den Unterschied zwischen dir und einem anderen Kind zu sehen. Wenn ich dich in meine Arme schließe und dabei beobachte, wie du zu den Klängen unseres Liedes einschläfst, begreife ich, dass es nichts anderes gibt, über das es sich nachzudenken lohnt. Dass dem nichts hinzuzufügen ist. Es gibt nur einen Vater, einen Sohn, eine wärmende Umarmung, ein Wiegenlied und den Schlaf. Nichts anderes.

55

Du schläfst, aber mir bleiben noch achtzehn Minuten, die ich gemeinsam mit dir verbringen kann und von denen ich keine Sekunde versäumen möchte. Es gibt da etwas Grundlegendes, das ich dir gerne enthüllen möchte: Bevor es dich gab, bestand das Leben für mich nur aus *materiellen Dingen*. In meinem Blick lag keine *Leichtigkeit*, nur Vernunft. Jetzt sind meine Augen in der Lage, die Geschöpfe dieser Welt auf andere Art und Weise zu sehen. Du hast mich von meiner rätselhaften Kurzsichtigkeit geheilt. Du hast mir beigebracht, auch das Unsichtbare zu sehen. Es ist die größte Verwandlung, die ich jemals durchgemacht habe. Indem du meinem Blick diese Fähigkeit geschenkt hast, hast du mein Leben verändert. Und dafür werde ich dir niemals mit genug Liebe danken können. Du hast meine Welt viel reicher, viel farbiger gemacht. Ja, seitdem du da bist, sehe ich sogar dein Spektrum von Farben, das ich vorher nicht kannte. Du hast meinem Leben einen Regenbogen geschenkt.

Ich war dumm und ignorant, verzeih mir bitte. Und auch wenn ich es anfangs nicht konnte, verzeihe ich mir nun doch mühelos selbst, mit einer Leichtigkeit, von der ich nicht wusste, dass ich sie besitze. Ich bin mir sicher, dass du mir ebenfalls eines Tages mit derselben Leichtigkeit verzeihen wirst. Ich habe Tage damit verbracht, Lösungen zu finden, die dir helfen könnten. Ich habe Stunden damit verbracht, Artikel und Studien über an Mäusen getestete Produkte und Pillen zu lesen. Über Rezepte und Lebensmittel, die dich heilen könnten. Tryptophan und Piracetam wurden zu meinen nächtlichen Begleitern.

Aber jetzt habe ich verstanden. Endlich habe ich verstanden. Ich soll gar nicht versuchen, dich zu heilen. Du bist nicht gekommen, um geheilt zu werden, sondern um zu heilen. Du bist nicht der Kranke, du bist nicht die Krankheit. Du bist der Arzt, du bist die Therapie. Du bist gekommen, um erst mich zu retten und etwas später die ganze Welt. Und selbst wenn ich das Geheimnis deiner Arznei noch nicht entdeckt habe, kann ich dir sagen, dass sie wirkt. Mir geht es jedenfalls schon viel besser.

56

Noch drei Minuten. Sei nicht böse, wenn ich kurz bei Giovanna, Patrizia, Nicola und Sara vorbeischaue. Sie sind die Argonauten, die dich von Beginn deiner Reise an begleitet haben, auch sie Träger von wer weiß was für Gaben. Helden allesamt mit ihren winzigen Kräften. Nicola nimmt fünf oder sechs Gramm am Tag zu, und jedes Gramm wird gefeiert. Vielleicht muss er schon morgen nicht mehr beatmet werden. Sara hingegen will einfach nicht zunehmen, aber es ist klar, warum: Sie weiß genau, dass man ihr die Brust öffnen wird, um sie am Herz zu operieren, sobald sie das richtige Gewicht hat. Wer würde da schon freiwillig zunehmen?

Kurz frage ich mich, was ihr wohl redet, wenn wir euch verlassen. Wie die Waschweiber am Brunnen werdet ihr lästern, richtig? Ich sehe es schon vor mir, wie Patrizia Nicola zuflüstert: »Tja, der Papa von Sara könnte sich nach der Arbeit ruhig auch erst mal duschen«, während Giovanna dir zuraunt: »Ob Patrizias Mama wohl ein einziges Mal mit dezent lackierten Fingernägeln hier auftauchen wird?« Und Nicola zu Sara: »Ob Francescos Papa wohl jemals begreifen wird, dass es nicht angenehm ist, die Augen zu öffnen und in sein riesiges Gesicht zu schauen, das in unsere Inkubatoren glotzt, als hätte er was darin verloren ...«

Ist es das, worüber ihr redet, wenn die Lichter im Zimmer leise ausgehen und wir euch allein lassen? Oder ist es noch etwas anderes? Führt ihr ernste und tiefgründige Gespräche? Sag's mir ... oder sag es mir besser nicht: Lass die Augen zu und träum weiter. Wir sehen uns später.

Ja, sicher! Mama kommt auch.

57

Du birgst eine Schönheit in dir, die ich anfangs nicht erfasst habe. Wie konnte mir das nur entgehen? Es ist die Schönheit der ganzen Welt. War ich denn blind? War es nur das, was du wolltest? Wolltest du nicht mich verändern und nicht mein Bild von der Welt? Sondern nur meinen Blick? Und dafür hast du mich so lange warten lassen? Damit ich bereit wäre?

Jetzt sag, wie ist dir das gelungen?

58

Heute gibt es kein Lied, sondern ein Versprechen. Hör gut zu, denn es ist eine winzige Angst darin verborgen. Also: Ich werde alles tun, um dich glücklich zu machen. Ich werde keinen Rückzieher machen. Ich meine das ehrlich, aber du musst meine Unsicherheit verstehen. Hinter diesen Worten steckt eine Angst, die ich nicht vertreiben kann. Denn ich kann dir nicht garantieren, dass meine Bemühungen ausreichen werden. Ich werde es versuchen, aber um ehrlich zu sein, weiß ich nicht, ob meine Liebe genügen wird, dich glücklich zu machen.

Und das – unter uns gesagt – macht mir Angst.

59

Heute ist kein schöner Tag. Sie lassen uns nicht ins Zimmer. Es ist ein Tag der Trauer. Das große Schiff der Wunder hat einen seiner Argonauten verloren. Du hast einen Freund verloren und ich vielleicht auch. Einen Vater, der nicht mehr kommen wird, weil er keinen Grund mehr hat.

Sein Sohn lebt nicht mehr. Nicola lebt nicht mehr.

Für Nicola hatte das Leben viel mehr Probleme vorgesehen als für dich. Selbst wenn er groß geworden wäre, hätte Nicola niemals laufen, sich bewegen, spielen und kämpfen können, wie du es einmal tun wirst, wie alle anderen Kinder der Welt. Vielleicht wäre es ihm ab und zu gelungen zu lächeln. Oder den Kopf ein wenig zur Seite zu neigen und mit einer Hand den Joystick zu bewegen in dem Versuch, sich mitzuteilen. Vielleicht hätte er im Laufe der Zeit noch etwas mehr geschafft. Das weißt du besser als ich, schließlich bist du jede Nacht neben ihm eingeschlafen. Aber du weißt nicht, dass sein Papa mir eines Abends eine unfassbar große Wahrheit zum Geschenk gemacht hat. Wir warteten im Gang vor der Kammer des Schreckens, und er begann, mir von seinem Sohn zu erzählen.

»Weißt du«, flüsterte er mir zu, »meine Frau hört immer noch nicht auf, die Ärzte zu löchern, was Nicola später einmal können wird und was nicht. Ständig versucht sie, Therapien, Medikamente und neue Behandlungsmöglichkeiten zu finden. Aber ich glaube, dass es nicht wichtig ist, was unser Kind einmal können wird. Nicht wahr?«

Ich antwortete ihm nicht, weil ich mir Mühe geben musste, ihm zu folgen.

»Es ist doch so: Es ist nicht wichtig, ob mein Sohn alleine wird essen können oder ob er gefüttert werden muss. Ob er sprechen wird oder nicht. Das, was ich weiß, was ich fühle, was ich begriffen habe …« Er sah mich fest an, bevor er fortfuhr. »Wichtig ist doch nur, wozu wir fähig sein werden. Das, was *wir* bereit sind zu werden. Was zählt, ist, ob *wir* in der Lage sein werden, uns auf seine Augenhöhe zu begeben.«

Es fiel mir schwer, das nachzuvollziehen, aber ich wollte ihn nicht unterbrechen, und er sprach weiter. »Ich weiß, dass andere Kinder dazu in der Lage sein werden, auf einer Wiese herumzurennen und eine Blume zu pflücken, um sie dann ganz aufgeregt ihren Eltern zu bringen. Und ich weiß auch, dass mein Sohn dazu niemals in der Lage sein wird. Aber das zählt nicht.«

»Das zählt nicht?«, wiederholte ich unsicher, wohl nur, um etwas zu sagen.

»Nein. Ich will damit sagen: Sobald wir uns auf seiner Ebene befinden, macht das nichts mehr. Überhaupt nichts. Wenn unser Sohn nur in der Lage sein wird, den Kopf ein wenig zu neigen und uns ein unsicheres Lächeln zu schenken, wird dieses Lächeln – muss dieses Lächeln – für uns den absolut gleichen Stellenwert einnehmen wie das Rennen, die Blume und die Wiese. Es muss genügen, um unser Herz mit Freude zu erfüllen.«

Ich schluckte.

»Wenn wir auf seiner Ebene sind, werden wir ein unsicheres Lächeln für uns umwandeln können. Dann wird eine Grimasse nicht mehr nur irgendetwas oder zu wenig sein, nicht der klägliche Rest von einem großen Ganzen. Dann muss sie, dann *wird* sie für mich, für meine Frau … für uns einfach alles sein. So ist es. Ich weiß, dass es so ist.«

Eine Krankenschwester lief an uns vorbei, doch er fuhr fort: »Wenn ich in der Lage sein werde, in dieser Grimasse die

Wiese, das Rennen und die Blume zu sehen ... Dann wird mein Herz von einer Freude durchströmt, die nicht geringer ist als die Freude jedes anderen Vaters und jeder anderen Mutter. Und ich sage dir noch etwas: Selbst wenn mein Sohn mir noch weniger geben könnte, wenn er mir nur etwas Spucke schenken könnte, die ihm über das Kinn läuft, sobald er aufgeregt ist ... Wenn wir auf seiner Ebene wären, müsste dieser Spuckefaden eben alles für uns bedeuten! Alles!«

Nach einer kurzen Pause sprach er weiter: »Meine Frau fragt sich noch immer, wozu unser Sohn fähig sein wird. Sie begreift noch nicht, dass die entscheidende Frage ist: Wozu werden wir für ihn in der Lage sein? Wozu?«

Langsam begann ich zu verstehen. Ich hätte ihn am liebsten umarmt, und er schloss: »Wenn wir nichts anderes haben, ist das, was wir haben, alles für uns. Es kann nicht anders sein. Es liegt an uns, an uns allein. Wozu wir bereit sind, wozu wir fähig sein wollen. Es liegt nicht an ihm. Was sonst sollten wir von ihm wollen? Was sonst dürfen wir von ihm verlangen? Er ist hier, mit all seinem Leid: Er ist hier! Was sollte er noch tun? Ob meine Frau das wohl jemals versteht?«

Ich weinte nicht, denn ich bin nicht mutig genug, vor anderen zu weinen, aber ich dankte ihm. Ich versicherte ihm, das seien die schönsten Worte gewesen, die ich seit deiner Geburt gehört hätte. Und wenn er alles genauso wiederholen würde wie gerade eben, würde seine Frau gar nicht anders können, als zu begreifen. Ihm zu danken und zu begreifen. Davon sei ich überzeugt. Dann wünschte ich ihm alles Glück auf Erden, auch wenn er es nicht brauchte, denn er würde zweifellos der beste Vater der Welt sein. Wir umarmten uns, als würden wir uns schon immer kennen. Als wäre er mein bester Freund. Als wären wir Väter desselben Sohnes.

Bereits beim ersten Mal, als ich dein Schiff der Wunder betrat, wurde mir klar, dass jeder Vater in Schwierigkeiten einen anderen Vater in Schwierigkeiten erkennt. Und jetzt, wo sich Nicola mitten in der Nacht so unauffällig davongeschlichen hat, wie er gekommen ist … Jetzt, wo nur noch sein leerer Inkubator zwei Brutkästen neben deinem zurückgeblieben ist, glaube ich, dass sein kurzer Besuch nicht sinnlos war. In den wenigen Tagen, die er hier war, hat Nicola uns etwas Wesentliches beigebracht: Es gibt nicht einen Teil von etwas oder wenig, es gibt nur ein Alles. Nur ein Alles. Und es liegt an uns, das zu begreifen. Danke, Nicola, danke, Vater von Nicola! Danke! Deine wenigen, vom Rhythmus eines Beatmungsgerätes bestimmten Atemzüge, waren – anders, als man meinen könnte – nicht nur etwas: Sie waren ein ganzes Leben. Voller Wert.

60

Ich warte auf dich, betrachte dich und kann es immer noch nicht fassen. Du, der erst vor Kurzem gelernt hat, das Leben aus der Brust seiner Mutter zu saugen, und der schwach und anfällig zur Welt gekommen ist. Du, der nicht einmal die ausreichende Menge Fett gebildet hatte. Du, der in meinen Augen wie ein missgebildetes Fischlein aussah, ausgesetzt in einem Aquarium mit anderen missgebildeten Fischlein. In wenigen Wochen bist du vollkommen geworden. Schön, wie es selbst das perfekteste von Menschenhand geschaffene Kunstwerk niemals sein kann. Du wirst es vielleicht nie verstehen, mein Kind, aber ich bete, dass auch ich eines Tages deine hartnäckige Authentizität besitzen werde. Deine ganze unanfechtbare Schönheit. Ja, du bist schön. Schön, wie es kein anderer Sohn jemals sein könnte. Kein anderer möglicher Francesco.

Ja, du hast Mühe, nach etwas in deiner Reichweite zu greifen. Und ja, du fixierst Dinge, ohne sie fixieren zu können. Gerade das macht dich unvergesslich schön. Dein Blick ist noch immer ein wenig abwesend, die Augen sind klein und geschlitzt. Mit jedem Tag, der vergeht, liebe ich dich mehr. Immer noch mehr. Und das Außergewöhnliche daran ist: Je mehr diese Liebeslast zunimmt, desto leichter, unbeschwerter wird es, dich zu lieben – ohne Gewicht. Ist das nicht unlogisch?

Ich lade mir mehr Liebe zu dir auf und fühle mich dennoch leichter. Je mehr ich dich in mich aufnehme, desto mehr entledige ich mich aller Sorgen, aller belastenden Gedanken. Ich liebe dich immer mehr, und es erscheint mir immer ausgeschlossener, dass ich anfangs geglaubt habe, dich nicht lieben zu können. Es erscheint mir immer ausgeschlossener, dass ich geglaubt habe, du würdest nichts als Schmerz und Trauer sein, ein unerträgliches Unglück. Ein unvollkommenes Kind.

61

Da bin ich, kleiner Fisch. Wie geht es dir?

Weißt du, dass Patrizia gestern entlassen wurde und heute Sara dran ist? Stattdessen sind Claudio und Marco, winzige Zwillinge, zu euch ins Raumschiff gekommen. Und du? Wann, meinst du, kannst du es verlassen? Nein, ich will dich nicht von deinen Reisegefährten trennen, ich habe euch inzwischen alle ins Herz geschlossen. Aber meinst du nicht, es ist an der Zeit, dein Zuhause kennenzulernen? Alles wartet schon. Wartet auf dich.

62

Endlich! Wir dürfen gehen! Du kommst nach Hause. Deine Reise ist zu Ende. Du verlässt das Schiff. Präge dir jeden Geruch ein, merk dir jeden Augenblick. Wird es je einen glücklicheren Tag als den heutigen geben? Wir werden nie mehr einen Kittel, eine Maske überziehen, Plastik über die Schuhe stülpen müssen, um dich zu sehen. Keine Hektik mehr, weil die Minuten im Flug vergehen. Keine piepsenden Sonden und Lichtreflexe mehr, die uns ablenken. Du kommst nach Hause! Wir werden uns ohne Blick auf die Uhr in die Arme nehmen können. Sogar zwei Tage und zwei Nächte am Stück. Wir werden uns in die Arme nehmen können, so lange wir wollen.

63

Weißt du, dass sich jetzt, wo wir gehen, eine letzte Angst in mir in nichts auflöst? All die Befürchtungen im Hinblick auf die übermenschliche Anstrengung, die es mich kosten wird, dich glücklich zu machen. Die Angst, dass es mir nicht gelingen könnte. Es ist nicht von Bedeutung. Jetzt erst begreife ich, dass es sogar töricht war, dir ein Lied zu schreiben. Auch, dass ich dir eine Maske für das Superchromosomenkind entworfen habe, zählt nicht. All das zählt nicht, weil es immer nur meine Versuche waren und sind, dich glücklich zu machen. Mehr können sie auch nicht sein, und nur das Leben kann uns sagen, ob sie gut oder schlecht waren.

Und jetzt bringe ich dich von diesem Ort weg, der Neonatologie heißt, und stelle dich der Welt vor. Wir gehen durch die Tür, und ich halte dich fest in meinen Armen und sehe lächelnd, wie du zum ersten Mal den Himmel, die Bäume, die Wolken oder eben das wenige, das du sehen kannst, betrachtest. Und mir wird eines klar: Das Wichtigste und einzig Wahre ist, dass es dir gelungen ist, gelingt und – dessen bin ich mir sicher – auch in Zukunft gelingen wird, *mich* glücklich zu machen.

Du hast viel mehr getan, als mich in einer Schachpartie mit sizilianischer Eröffnung zu schlagen. Du hast die vertrackteste und komplizierteste aller Partien gelöst: Du hast mir beigebracht, dem Leiden ins Auge zu blicken und darin die Liebe zu entdecken. In diesen ersten Wochen deines Lebens hast du mir all das beigebracht, was ein Sohn seinen Vater lehren kann, und alles gegeben, was ein Mensch einem anderen schenken kann: *Mut.*

Mein einzigartiger, außergewöhnlicher und unnachahmlicher Sohn! Ich weiß nicht, wie du es gemacht hast, aber letztendlich bist du als Sieger aus dem Kampf hervorgegangen. Aus einem Kampf, den du nie herausgefordert hast. Du hast diese Partie gewonnen, die nicht einmal der perfekteste aller Francescos, die ich mir hätte ausdenken können, gewonnen hätte. Eine Partie, von der auch ich nicht wusste, dass ich sie würde spielen müssen. Du hast mir eine Freiheit geschenkt, die ich niemals für möglich gehalten hätte – die Freiheit von mir selbst.

Einfach so. Ich habe nicht mehr das Bedürfnis, mich auf einen Kampf vorzubereiten. Ich brauche den Kampf auch nicht mehr, um in diese Welt zu passen. Mehr noch, ich habe nicht mehr das Bedürfnis, in diese Welt zu passen. Die Welt, meine Welt, ist jetzt eine andere. Der Weg, der vor mir liegt, ist einfach: Es gibt keine Wut mehr. Keine Angst. Es ist ein großartiges Gefühl. Ein Gefühl, das ich nie zuvor empfunden habe. Ein Zustand der Gnade, der, wenn ich mir etwas wünschen dürfte, bis in alle Ewigkeit andauern soll.

Doch selbst wenn er nur diesen einen Moment dauern würde, werde ich dir niemals genug danken können, dass du mir diese Erfahrung möglich gemacht hast. Du bist das größte Wunder, das ich je erlebt habe. Was könnte ich mir mehr von dir wünschen? Nichts. Ich kann nur noch ein Letztes hinzufügen, das Wichtigste, Einfachste, Wahrhaftigste. Das Einzige, was zählt. Ich empfinde eine solche Liebe für dich, wie ich sie vor dir nicht kannte. Eine Liebe, die keine Angst kennt.

Ich nehme deine Mutter bei der Hand, und gemeinsam gehen wir nach Hause. Du, deine Mama und ich – dein Papa.

Dank

Danke an Stefano Mauri, der mir klargemacht hat, wie ich meine Erkenntnisse für ein Buch in Worte fassen kann. An Luigi Bernabò, weil er großartig ist. An Mariavittoria Puccetti, weil sie im falschen Moment bei der falschen Person (mir) ans Telefon ging und all das ansonsten nicht geschehen wäre. An Silvia Ascoli, wegen ihres Fingerspitzengefühls und ihres Mutes zur Taktlosigkeit.

Danke an Serena Daniele, eine Verlegerin mit einem großen Herzen.

Mein besonderer Dank gilt Maria Mazzitelli, die bis nach Rom gereist ist, um meine Bekanntschaft zu machen, und die ich als einen Menschen kennenlernen durfte, der an Träume glaubt und sie auch zu verwirklichen weiß.

Außerdem möchte ich noch einigen anderen Personen danken. Sie wissen, wofür: Patrizia, Beniamino, Tatiana, Luca, Sandra, Alessandro, Zizzìo, Fabrizio.

Ja, und dann ist da noch Iole: der Mensch, den ich liebe.